常備菜の手帖

季節の素材を使った
85の常備菜と応用料理

「常備菜」という仕事

「常備菜」といえば、醬油や味噌で煮しめた佃煮風のものや、塩で漬けた漬けもの、塩辛などを思い浮かべます。厨房では、素材が大量に入荷した時に、使いきれなかったぶんをとりあえず保存するための仕事、それが常備菜になることも多いと聞きます。そうしたものが気のきいた一品ならば、いざという時、たとえば料理と料理の間が空いてしまう時などに、そのまま、あるいはちょっとひと手間加えてさっと出すことができ、大変便利なものです。

この本では、そうした視点を踏まえながらも、従来の常備菜のイメージを超え、他の料理へ広く展開できる「常備菜的な基本料理」を紹介しました。著者のみなさんには、「冷蔵庫に入れておけばしばらく保存でき、いろいろな料理に使える便利なもの。そして、季節感があるもの」とお願いし、常備菜という言葉の意味を広くとらえて考えてもらいました。春夏秋冬の旬の素材を生かした常備菜をはじめ、豆腐や湯葉、こんにゃくなど身近にある素材を使ったもの、しみじみとしたおいしさの乾物を使ったものも収録。いずれも、常備菜だけでなく、それを使って別の料理を仕立てる具体例も紹介しています。一品あれば、何通りも応用がきく点も常備菜の大きな魅力。また、最後にはご飯に添えるちょっとしたおかずも掲載しました。手もとに置いておけば、一年を通じて使っていただけます。

本書で紹介した料理には、長年日本料理に携わった人ならではの、伝統的な仕事がたくさん詰まっています。これらは、これから料理人をめざす方、プロの仕事に興味がある方たちに伝えておきたいメッセージ。根底にある「素材をいかに利用し、無駄にしないか」という思いと、そのための工夫を読み取っていただけたら幸いです。

目次

春

秋

本書を読む前に

＊常備菜を紹介する頁（10～189頁）では、基本的に右頁に常備菜を、左頁にはその常備菜を使った料理を掲載しています。また、常備菜を使った料理の作り方は、後半の色紙の頁（198～231頁）で紹介しています。
＊大さじは1杯15cc、小さじは1杯5ccです。
＊材料の分量は各店での作りやすい量、または目安の割合を掲載していますが、塩などの調味料に関しては「適量」「少量」と表記している場合があります。また、加熱時間や温度もあくまでも目安です。素材の味や好みに応じて調整してください。
＊「だし」と表記しているものは、基本的に昆布とカツオ節でとった一番だしを指します。

撮影　吉澤善太
デザイン　石山智博
編集　柏井久深子（取材・文）
鍋倉由記子

春

筍　独活　蕗　蕨　菜の花　空豆　えんどう豆　玉葱

鯛　鱚　鱒　穴子　浅利

筍

たけのこ

筍の味噌漬け

薄味で煮含めたタケノコを、白粗味噌の床に直漬けにする。味はやや辛め、歯ごたえはしゃっきり。そのまま切り分けて使うことができる。

料理／上野修三

材料

タケノコ　大1本
だし　500cc
酒　50cc
淡口醤油　70cc
塩　小さじ1強
ミリン　25cc
カツオ節　軽くひとつかみ

味噌床
白粗味噌　1kg
煮きり酒　100cc
ミリン　少量

1 タケノコはできれば朝掘りたてのものを使用。店に届いたらすぐに汚れを落とし、皮をむいて30分間以上蒸す。朝掘りでない場合は穂先を切り落とし、糠《ぬか》と赤トウガラシ（材料外）を入れた湯で柔らかくゆで、湯に浸けたまま冷ます。皮をむいて糠を洗い流す。

2 タケノコを縦割りにする。だしを酒、淡口醤油、塩、ミリンで調味し、追いガツオをした地で煮含める。

3 白の粗味噌を煮きり酒とミリンでのばし、味噌床を作る。ここにタケノコを直接漬け込む。5日間ほどで芯まで味がしみ込む。タケノコの絹皮を使う場合は、2と同様に薄味で煮て、酒で湿らせたガーゼに包んでから漬ける。1～2日間ほどで食べ頃になる。

● 保存・用途

◎ 冷蔵庫で約10日間保存可能。

◎ 味噌を拭き取り、そのまま切り分けて先付に。焼きもののあしらいや和えものにも。

筍の味噌漬けと烏賊の黄味焼きの乱盛り
叩き木の芽

常備菜を使って

解説198頁

鯛と白子のはさみ焼き
筍の味噌漬け木の芽はさみ
菜種のお浸し

せん切り筍の含め煮

用途が限られるタケノコの根元の固い部分をせん切りにし、薄味で煮含めておくことで、手軽に利用できる常備菜に。

料理／北岡三千男

材料

タケノコの根元部分　中5本分
だし　1ℓ
淡口醤油　50cc
酒　30cc
ミリン　30cc
カツオ節　10g

1　タケノコは糠《ぬか》と赤トウガラシ（材料外）を入れた湯でゆで、アク抜きする。根元の固い部分を長さ4～5㎝のせん切りにする。

2　だし、淡口醤油、酒、ミリンの地にタケノコを入れ、追いガツオをして煮含める。

3　常温まで冷まし、煮汁に浸けたまま冷蔵庫で保存する。

● **保存・用途**

◎冷蔵庫で3～5日間保存可能。

◎先付や和えものに。焼きもののあしらいや、しぐれ煮にも。

常備菜を使って

解説198頁

筍の時雨煮

牛肉　粒山椒

筍の三色和え

木の芽和え　梅肉和え　腐乳和え
木の芽

独活

うど

独活の蕃椒煮《ばんしょうに》

蕃椒《ばんしょう》とはトウガラシのこと。ウドの先の部分を姿のまま素揚げして、醤油味で柔らかく煮る。ほどよい辛味が生き、日持ちもよい。

料理／上野修三

材料

山ウド　5本（長さ30㎝。他に枝部分も使用）
揚げ油　適量
煮汁（割合）
- だし　10
- 濃口醤油　1
- 酒　2
- 砂糖　2
- 酢　2

赤トウガラシ　3本

1　ウドの下部の皮は固いので、包丁でむく。先端の柔らかいヒダについているうぶ毛は、乾いた布巾でこそげ取る。

2　ウドを高温の油で素揚げして、熱湯をかけて油抜きする。揚げることによって、固い部分も柔らかくなる。

3　鍋にだし、濃口醤油、酒、砂糖を入れ、ウドに竹串がすっと通るまで柔らかく炊く。途中できざんだ赤トウガラシを加え、仕上げに酢を落とす。

● **保存・用途**

◎冷蔵庫で5日間ほど保存可能。
◎酒肴、料理のあしらい、ご飯のおともに。

常備菜を使って

解説198頁

独活の蕃椒煮
独活の皮と蟹身の蟹真砂まぶし

筍の木の芽田楽
独活の蕃椒煮
はじかみ

蕗と蕨《ふきとわらび》

蕗とわらびの山椒煮

アク抜きしたフキとワラビを、粒山椒を加えたやや濃いめの味で炊き上げる。春の香りと季節感豊かな常備菜。

料理／村上 一

材料

フキ　500g
ワラビ　500g
煮汁（割合）
　だし　8
　淡口醤油　1
　ミリン　1
　砂糖　適量
　酒　1
粒山椒　適量
酢　45cc
ゴマ油　15cc
塩（フキ下処理用）　適量

1　フキの葉を切り落とし、軸を塩ずりする。皮をむいてゆでる。水にとってよくさらし、長さ4～5cmに切る。

2　ワラビは灰（材料外）をまぶして熱湯をかけ、そのまま冷ます。水で灰を洗い流し、フキと同じ長さに切る。

3　だしにフキとワラビを入れて煮立て、淡口醤油、ミリン、砂糖、酒でやや濃いめに味をつける。途中でつぶした粒山椒を加え、煮汁が少なくなったら煎るように炊き上げる。

4　仕上げに酢を落とし、少量のゴマ油をたらして香りをつける。

● **保存・用途**

◎冷蔵庫で約10日間保存可能。

◎料理のあしらいや和えものに。

常備菜を使って

解説199頁

蕗とわらびのとろろ和え

納豆　軸三つ葉　針ラディッシュ

蕗とわらびの炊いたん

焼き南京　蕗とわらびのからみ和え

菜の花《なのはな》

菜の花の白味噌漬け

菜の花をさっとゆがいて、白味噌と酒粕を合わせた床に漬ける。味噌の風味が加わり、保存性も高まる。

料理／平井和光・結野安雄

材料

菜の花　60本

塩　少量

漬け床

白味噌　700g

酒粕（吟醸）　300g

1　菜の花をさっとゆがいておか上げし、軽く塩をふって冷ます。

2　白味噌と吟醸酒の酒粕をまんべんなく混ぜ合わせ、漬け床を作る。

3　菜の花をガーゼで挟み、床に漬ける。1日ほどで使用できる。

● **保存・用途**

◎冷蔵庫で4〜5日間は保存可能。

◎和えものや蒸しもの、料理のあしらいに。

常備菜を使って

解説199頁

菜の花の平目昆布締め巻き

煎り酒

蒸しもの

あいなめ　筍　菜の花の白味噌漬け

若布あん　木の芽

空豆

そらまめ

焼き空豆

空を向いて実をつけるから「空豆」。実の大きなものを「一寸豆《いっすんまめ》」と呼ぶ。
油で焼くと焼き目がまた景色になり、料理を彩る。

料理／北岡三千男

材料

ソラマメ　適量
油　少量
塩　少量

1　ソラマメの実をさやから取り、薄皮をむく。
2　フライパン（テフロン加工のもの）に薄く油を引く。重ならないようにソラマメを並べ、一粒ずつ両面を焼く。
3　薄く塩をふり、冷蔵庫で保存する。使う時は、さっと焼くか、ゆでて色を引き出してから用いる。

● **保存・用途**

◎冷蔵庫で3～4日間保存可能。
◎椀種のしんじょうに射込んだり、揚げものや料理のあしらいに。

常備菜を使って

解説199頁

煮もの椀
寄せ空豆
わらび　木の芽
清汁仕立

たいらぎ黄身焼き
焼き空豆
白髪葱　木の芽
酢どり茗荷　すだち

酢のもの
炙りみる貝　焼き空豆
防風　木の芽　吉野酢

箸休め
焼き空豆くちこ挟み
焼き空豆チーズ挟み

えんどう豆

えんどう豆の地浸け

ゆでたエンドウ豆を醤油の薄い地に浸けた常備菜。
旬に大量に入荷した時や形が崩れた豆の便利な活用法。

料理／北岡三千男

材料

エンドウ豆　500g

浸け地

- だし　400cc
- 淡口醤油　大さじ1
- 塩　小さじ1

1　エンドウ豆の実を取り出し、ゆでる。

2　だしを淡口醤油、塩で薄味に調味し、煮立てて浸け地を作る。

3　1と2が冷めたら合わせる。冷蔵庫で冷やし、そのまま保存する。

● **保存・用途**

◎ 冷蔵庫で2～3日間は色も保てる（だしを使うため、長期保存不可）。

◎ 汁ごと盛って冷たい先付に、また、裏漉しして緑色の餡として使う。

常備菜を使って

解説200頁

食パン揚げ

えんどう豆　海老

えんどう豆のしんじょう

玉葱《たまねぎ》

玉葱の網焼き

タマネギを皮付きのまま網焼きにした、シンプルな常備菜。苦みが消え、シャリッとした歯ごたえが残り、甘みも出る。

料理／北岡三千男

材料

タマネギ（皮付き）　適量

1 タマネギの皮についた泥などを軽く洗い流し、水気を拭き取る。

2 網にのせて天火に入れる。皮が焦げて破れないように、遠火でゆっくりと焼く。皮に包まれているため、蒸し焼きのようにふっくらと火が入る。

● **保存・用途**

◎ 皮付きのまま、冷蔵庫で1週間保存可能。

◎ 皮をむき、適宜に切ってサラダに。また、揚げものや煮ものにも。

常備菜を使って

解説200頁

玉葱サラダ
ホワイトアスパラガス
マッシュポテト
セロリ

鯛のあら炊き
焼き玉葱　三度豆
木の芽

玉葱と揚げ湯葉
べっこう餡　軸三つ葉

鯛《たい》

春子鯛の泉州漬け

春先のまだ小さい鯛を「春子鯛《かすこだい》」という。これを焼いて、大阪泉州名産の甘くて柔らかい新タマネギと一緒に土佐酢に漬けた常備菜。

料理／上野修三

材料
春子鯛　15尾
塩　少量
新タマネギ　2個
針ショウガ　少量
ニンジン　少量
立て塩　適量
土佐酢（割合）
酢　6
水　4
塩、淡口醤油、濃口醤油、砂糖、昆布、カツオ節　各少量
赤トウガラシ　適量

1　春子鯛を三枚におろし、腹骨、小骨を取る。軽く塩をふり、片妻に串打ちして焼く。とくに小さいものは、頭付きで丸ごと油で揚げる。

2　新タマネギの輪茎を1枚ずつはがし、同じ厚さになるように厚い部分は2枚にへぐ。繊維に添って縦にせん切りにする。新タマネギ、針ショウガ、せん切りにしたニンジンを立て塩に浸け、しんなりとさせる。それぞれ水気を絞っておく。

3　酢に水、塩、淡口醤油、濃口醤油、砂糖、昆布、カツオ節を加えて煮立て、冷まして土佐酢とする。バットに1の鯛を並べ、土佐酢をかける。きざんだ赤トウガラシを散らす。

4　2の野菜にも浸け地をからませ、鯛の上にひとつかみ分ずつのせて漬け込む。

● 保存・用途

◎漬けた翌日から冷蔵庫で約5日間保存可能。

◎アレンジせず、このまま酢のもの、先付、箸休め、八寸などに。

常備菜を使って

解説201頁

春子鯛の泉州漬け
独活諸味味噌がけ

酒肴三点盛り
春子鯛泉州漬け
蛤の山椒煮
　木の芽　軸防風
スナック豌豆
　クリームネーズ

鯛のきずし

魚を塩で締め、酢に浸けて造りや寿司に仕立てる「きずし」。ここでは白身魚の鯛を、水で割った酢できずし風に仕立てた。

料理／北岡三千男

材料
鯛の上身　2枚
塩　少量
合わせ酢
　酢　300cc
　水　700cc
　砂糖　200g

1　鯛の上身（皮付き）に薄塩をあて、しばらくおく。
2　酢と水、砂糖を合わせて合わせ酢を作る。ここに、1の鯛を1時間ほど浸ける。浸かったら引き上げる。

● 保存・用途
◎ 保存の際は、鯛をラップ紙に包んで冷蔵庫へ。4〜5日間は保存可能。
◎ 造りや寿司、酢のもの、和えものに。

常備菜を使って

解説201頁

鯛のきずしと長芋の求肥昆布和え
ちぎり木の芽

鯛のきずし卯の花巻き
酢どり茗荷

鯛のきずし黄身酢かけ
アスパラガス　わらび　独活

鯛のそぼろ

三枚におろした鯛の骨に残った身や、造りに使った上身の端を利用する。薄味で煎り煮しておけば、さまざまな料理に利用できる。

料理／北岡三千男

材料

鯛（アラや切れ端など） 1kg
淡口醤油 50cc
酒 200cc
砂糖 適量
ミリン 100cc
粒山椒 適量

1 鯛のアラや上身の切れ端を蒸す、または焼いて火を通し、身をせせり取る。

2 淡口醤油、酒、砂糖、ミリンで薄めに味つけした地に鯛のせせり身と粒山椒を加え、煎るように炊き上げる。

● **保存・用途**

◎ 冷蔵庫で2週間ほど保存可能。
◎ 煮ものや、そのままご飯のおともに。

鯛の身の玉締め

人参　牛蒡　三度豆
木の芽

常備菜を使って

解説202頁

鯛とスナックえんどうの煮物

春

鱚《きす》

きす昆布締め

キスを白板昆布で締めることで、少し酸味のあるやさしい昆布の風味が加わった、上品な常備菜。

料理／平井和光・結野安雄

材料
キス　5尾
塩　少量
白板昆布　1枚

1　キスを水洗いし、三枚におろす。腹骨をすき取る。

2　キスにごく薄く塩をあて、白板昆布で挟み、一晩冷蔵庫におく。キスは身が薄いので、普通の昆布で挟むと風味が強すぎ、また、水分も失われてパサつく。そのため薄くて風味もやさしい白板昆布を使う。

●保存・用途

◎白板昆布で挟んだまま冷蔵庫で2日間ほど保存可能。その後、白板昆布をはずしてラップ紙に包むと、さらに2日間ほど日持ちする。

◎造りや酢のもののほか、揚げもの、変わり焼きなどにも。

きすの黄身揚げ　金時草がけ
みぞれ酢　茗荷
キャビア

きすの煎り雲丹焼き
黒豆松葉刺し　すだち

常備菜を使って

解説202頁

きすの菊菜巻き
土佐酢ゼリー　芽葱　茗荷

鱒《ます》

さくら鱒の酢締め

ヤマメが川から海に下り、再度川を遡ったものがサクラマス。

脂ののったサクラマスを酢、砂糖、柑橘の果汁を合わせた地に漬け込み、さっぱりと味わう。

料理／平井和光・結野安雄

材料
サクラマス　1尾
塩　適量
浸け地
- 酢　1・5ℓ
- 砂糖　280g
- レモン果汁　½個分
- スダチ果汁　1個分

1　サクラマスを三枚におろし、腹骨をすき取る。たっぷりと塩をまぶす。

2　1時間ほどおいてから塩を洗い流し、水気を拭き取る。

3　酢、砂糖、レモンとスダチの果汁を合わせて浸け地を作る。ここにサクラマスを浸ける。数時間もすれば食べ頃となる。

● **保存・用途**

◎ サクラマスを地から引き上げ、ラップ紙に包む。冷蔵庫で3～5日間保存可能。

◎ 焼きもの、酢のもの、造りなどに。

常備菜を使って

解説202頁

さくら鱒のたたき

茗荷　芽葱　春菊　加減酢

さくら鱒の二色焼き

いくら
たらの芽白和え

穴子

あなご

穴子の蕗のとう漬け

適度に苦みを抜いたフキノトウの味噌に、旬のアナゴを直漬けにする。アナゴを焼くとフキノトウの香りがふわっと立つ。

料理／村上 一

材料

アナゴ　15尾
酒　適量
ふきのとう味噌
- フキノトウ　70～80個
- 白味噌　200g
- 酒　500cc
- 濃口醤油　50cc
- 卵黄　2個

1　ふきのとう味噌を作る。フキノトウを灰汁（材料外）に浸けてしばらくおき、さっとゆがく。水にさらして灰汁を洗う。軽く水気を絞り、フードプロセッサーにかけてペースト状にする。これと白味噌、酒、濃口醤油、卵黄を合わせ、火にかけて焦げないように木杓子で20分間ほど練る。

2　アナゴを水洗いして背開きにし、骨をはずす。皮に熱湯をかけ、包丁の背でぬめりを落とす。水洗いして水気を拭き、酒で洗う。

3　ふきのとう味噌をバットに敷き、アナゴを並べる。上からも味噌をのせて2日間漬ける。

● **保存・用途**

◎ アナゴを引き上げてラップ紙に包み、冷蔵庫で約1週間保存可能。

◎ 提供の際はアナゴを焼き、焼きもの、和えもの、混ぜご飯などにする。

常備菜を使って

解説203頁

穴子の蕗のとう焼き

焼き長芋添え

穴子と春野菜のこまごま

ホワイトアスパラガス　こごみ
筍　京水菜

穴子の白煮

アナゴを薄味で白煮にしておけば、それだけで寿司や酢のものに使える。他の料理に使う際にも味がつけやすく、用途が幅広い。

料理／平井和光・結野安雄

材料

アナゴ　10本（1本120g）
だし　3ℓ
酒　180cc
淡口醤油　少量
塩　25g
砂糖　180g
ミリン　少量

1　アナゴを水洗いして腹開きにし、骨をはずす。皮に熱湯をかけてぬめりをこそげ取る。

2　鍋にアナゴを並べ、だし、酒、淡口醤油、塩、砂糖、ミリンの地を注ぐ。柔らかくなるまで煮含める。

● **保存・用途**

◎　薄板の上にアナゴを広げてのせ、冷蔵庫で保存。3〜4日間は日持ちする。

◎　寿司や蒸しもの、炊合せに。

常備菜を使って

解説203頁

透かし穴子と若布の博多

海老　おくら　黄身酢

穴子の棒ずし

生姜　はじかみ　酢蓮根

浅利

あさり

浅利牛蒡味噌

アサリをゴボウと一緒に味噌味でくつくつと煮込む。
アサリの旨み、味噌の風味、ゴボウの香りや触感が一つになった味わい深い常備菜。

料理／上野修三

材料

アサリ　1kg
酒　180cc
ゴボウ　中2本
油　少量
味噌（白味噌3、田舎味噌1）

1　砂抜きしたアサリを酒煎りし、殻が開いたら身を取り出す。煮汁は取りおく。アサリの塩分によって全体の味が決まるので、煮汁は必ず味見をすること。
2　ゴボウは斜めに薄く切って水にさらす。
3　鍋に油を引き、ゴボウを炒める。しんなりしたら白味噌と田舎味噌を3対1の割合で加え、アサリの煮汁を加えてのばす。しばらくくつくつと煮込み、アサリを加えて煮上げる。

● 保存・用途

◎冷蔵庫で約1週間〜10日間保存可能。
◎ご飯や生野菜に添えたり、田楽味噌の感覚で使用。熱湯で溶けば、味噌汁のような汁ものにも。

常備菜を使って

解説204頁

浅利牛蒡味噌

芹　独活　芥子和え

豆腐浅利田楽

酢蕪

夏

茄子　とうもろこし　冬瓜　胡瓜　芋茎　蓴菜
鮎　鱧　鱸　鯵　鮑　蛸　蛸の子

夏

茄子《なす》

焼き茄子

丸ごと焼いたナスの皮をむき、熱々をおろしショウガと醤油で食べる焼き茄子。そのまま食べてもいいが、地浸けにしてだしの味を含ませれば保存もきく。

料理／北岡三千男

材料

ナス　3本

だし　400cc

淡口醤油　大さじ1

塩　小さじ1

1　ナスを丸ごと網にのせ、皮がまっ黒に焦げるまで焼く。串を刺して、すっと通るようになったら火からおろす。熱いうちに皮をむく。

2　だし、淡口醤油、塩を合わせていったん煮立てる。この地にナスを浸し、そのまま冷ます。粗熱がとれたら冷蔵庫で冷やす。

● 保存・用途

◎冷蔵庫で3～4日間保存可能。

◎先付や冷たい炊合せに。また、和えもの、巻きものの芯にも。

皮をまっ黒に焼いた状態でも保存可能。

焼き茄子の葛水仙巻き

焼きししとう

胡麻あん　ふり柚子

常備菜を使って

解説204頁

焼き茄子の生ハム焼き

叩き長芋　梅肉

賀茂茄子の揚げ煮

身の締まった賀茂ナスを油で揚げてから、醤油味で煮て地浸けしておく。冷製でも温製でも、どちらで食べてもおいしい。

料理／平井和光・結野安雄

材料

賀茂ナス　2個
揚げ油　適量
合わせ地
　だし　1・8ℓ
　濃口醤油　180cc
　ミリン　180cc
　赤トウガラシ　少量

1　賀茂ナスのヘタを切り落とし、縦にくし型に切る（切り方はナスの形や大きさによって変える）。皮に細かく切り込みを入れる。175℃前後の油で中まで火が入るように素揚げする。

2　だし、濃口醤油、ミリンの地に赤トウガラシを入れ、ナスをさっと炊く。

3　ナスと煮汁を別に冷やし、冷めたら再度合わせて浸け込む。4～5時間で味がしみ込む。冷蔵庫で保存する。

● **保存・用途**

◎冷蔵庫で4～5日間保存可能。
◎そのまま提供するほか、炊合せにも。

常備菜を使って

解説204頁

賀茂茄子の揚げ煮

糸青柚子

賀茂茄子の豚肉巻き揚げ

アスパラガス　すだち

賀茂茄子とぐじの蒸しもの

雲丹　山葵　銀あん

とうもろこし

焼きとうもろこし

トウモロコシを蒸してから、香ばしく網で焼く。
蒸した甘さに香ばしさが加わり、ラップ紙で包んでおけば香りも保存できる。

料理／北岡三千男

材料
トウモロコシ　適量

1　トウモロコシの皮をむき、蒸す。水気をきり、網でこんがりと焼く。
2　粗熱をとり、1本ずつラップ紙に包んで冷蔵庫で保存する。

● 保存・用途

◎ ラップ紙で包むことで、時間が経つと失われていく風味が保たれる。冷蔵庫で3～4日間保存できる。
◎ 揚げもの、流しもの、炊き込みご飯などに。

常備菜を使って

解説205頁

とうもろこしのかき揚げ

すだち

煮もの椀
とうもろこしの豆腐

金時草　海老
三度豆
清汁仕立

冬瓜《とうがん》

料理／平井和光・結野安雄

冬瓜の白味噌煮

トウガンは煮含めてもあまり日持ちせず、持ち味の緑色と透明感も褪せてしまいがち。冷やした味噌の地に漬けることで、きれいな緑色を大切にして保存できる。

材料

トウガン　1/4個

味噌の地

- だし　1ℓ
- 酒　100cc
- 白味噌　300g
- 淡口醤油　少量

1 トウガンを4～5cm角に切り、緑色を残すように薄く皮をむく。皮をむいたところに細かく包丁目を入れる。

2 ゆでて色出しし、冷水にとる。

3 トウガンをだしと酒で煮て、白味噌、少量の淡口醤油で味をととのえる。トウガンが柔らかくなったら引き上げ、煮汁と別に冷ます。

4 どちらも冷えたら再度合わせ、冷蔵庫で保存する。

● **保存・用途**

◎ 冷蔵庫で2～3日間保存可能。

◎ 炊合せ、蒸しものなどに。

常備菜を使って

解説205頁

蟹の博多冬瓜

ふかひれ餡　針生姜　木の芽

冷やし炊合せ

冬瓜　南京　茄子
海老　共地あん　針柚子

夏

胡瓜

きゅうり

毛馬《けま》胡瓜の胡麻酢漬け

大阪の伝統野菜である毛馬《けま》キュウリをゴマ風味の酢漬けに。爽やかな触感とゴマの風味が懐かしい、夏の定番料理。

料理／上野修三

材料

毛馬キュウリ＊　5本

立て塩　適量

ゴマ酢（割合）

ゴマ油　0・5

湯冷まし　1

濃口醤油　1

淡口醤油　1

酢　1

ミリン　1

赤トウガラシ　3本

昆布　1枚（30cm角）

毛馬キュウリ

1　毛馬キュウリを縦に四つ、または六つ割りにする。種が大きい場合は筒抜きで取る。

2　キュウリを立て塩に浸けてしんなりさせる。水気を拭き、風干しにする。

3　半乾き程度になったらバットに並べる。ゴマ油、湯冷まし、濃口・淡口醤油、酢、ミリンを合わせてゴマ酢を作り、キュウリの上からかける。きざんだ赤トウガラシを散らし、昆布をかぶせて一晩以上漬ける。

＊毛馬《けま》キュウリ…大阪市都島区の毛馬という場所で作られるキュウリで、長さ30〜40cmにもなる。味が濃く、生食だけではなく煮てもおいしい。最近、黄熟したものは浪速の伝統野菜として注目されている。

● 保存・用途

◎ 冷蔵庫で1週間ほど日持ちする。

◎ 箸休めや焼き魚の添え、漬けものがわりに。

胡瓜漬けと穴子の白焼き

常備菜を使って

解説206頁

酒肴三点盛り
毛馬胡瓜
鮑酒煎り
とびあら
防風

胡瓜

きゅうり

胡瓜の雷干し

キュウリをらせんに切り、風干しした雷干しは昔ながらの仕事。
カリカリとした歯ごたえが生まれ、見栄えもよく、ワンランク上の演出ができる。

料理／北岡三千男

材料
キュウリ 10本
立て塩 適量

1 キュウリの種を筒抜きで取り除く。くるくるとらせん状に切って、立て塩に浸けてしんなりさせる。

2 棒に吊るし、2日間ほど風干しにする。干すことで味は凝縮し、カリカリとした独特の歯ごたえが生まれる。

● 保存・用途

◎ 冷蔵庫で4～5日間保存可能。

◎ 適宜に切り、和えものや酢のものに。

常備菜を使って

解説206頁

雷干しの緑酢ゼリー寄せ

鱧焼きちり
梅肉

雷干しのヨーグルト和え

雷干しの三種和え

香煎和え
このこ和え
腐乳和え

夏

芋茎《ずいき》

赤芋茎八方酢漬け

赤ズイキをさっとゆで、少し甘みを加えた八方酢に浸けておく。ほんのりと紅が差し、添えるだけで料理が華やぐ。

料理／上野修三

材料

赤ズイキ＊　1株分

八方酢（割合）

- 酢　4
- 水　6
- 砂糖　少量
- 淡口醤油　少量

昆布　1枚（20cm角）

1　赤ズイキをバットの幅に合わせて切り揃え、皮をむく。

2　たっぷりの湯に適量の酢（材料外）を落とし、赤ズイキをゆでる。しんなりしたら引き上げて水に落とし、流水に約10分間さらす。

3　酢、水、少量の砂糖、淡口醤油を合わせ、差し昆布をして八方酢を作る。水気をきった赤ズイキを漬ける。

＊　赤ズイキ…大阪では唐芋《からいも》や海老芋の赤い葉柄（芋ガラ）を赤ズイキと呼び、酢のものなどにしてシャキシャキした歯ごたえを楽しむ。酢を落としてゆで、水にさらすとえぐみが抜ける。煮ものに使うこともある。

● **保存・用途**

◎冷蔵庫で1週間〜10日間保存可能。

◎酢のものや和えもののほか、焼きもののあしらいなどに。

赤芋茎と焼穴子の胡瓜巻

茗荷　防風

常備菜を使って

解説206頁

赤芋茎と青芋茎、海老の白酢がけ

蓴菜《じゅんさい》

じゅんさいの湯通し

旬の時季にたっぷりと入荷したジュンサイは、さっと湯通しして保存。こうしておけば鮮度を保ちやすく、弾力のある触感も長く楽しめる。

料理／北岡三千男

材料

ジュンサイ　適量

1　ジュンサイを熱湯に入れて、さっと火を通す。色が出てきたら手早く冷水に落とす。

2　ジュンサイが充分に冷えたらザルにあげ、しっかり水をきる。冷蔵庫で保存する。

● **保存・用途**

◎冷蔵庫で1週間保存可能。

◎酢のもの、椀もの、流しものに。鍋ものにも使う。

常備菜を使って

解説207頁

じゅんさい入り養老羹

いくら　ふり柚子

じゅんさいの葛鍋

雲丹　蓮根　おくら

夏

鮎《あゆ》

鮎の酢締め

アユを三枚におろし、塩をしてから酢で締める。
川魚は鮮度が第一。酢で締めることで保存性が高まり、使いみちも広がる。

料理／北岡三千男

材料

アユ　5尾
塩　適量
合わせ酢（割合）
　酢　3
　水　7
　砂糖　適量
塩　少量

1　アユは頭を落とし、内臓を取り除いて三枚におろす。

2　両面に塩をしっかりまぶし、10分間ほどおく。水で洗い、水気をよく拭き取る。

3　酢と水を合わせ、砂糖と塩を加えて合わせ酢を作る。アユを入れ、1日ほど漬ける。

●保存・用途

◎水気をきって1切れごとラップ紙に包み、冷蔵庫で3〜4日間保存可能。

◎そのまま細造りにして酢のものや和えものに。また、寿司のタネにも。

常備菜を使って

解説207頁

鮎の蓼和え
白胡麻

鮎のうるか和え
木耳

鮎の卵の花ずし
蓼の葉

糸瓜と蓼の葉の鮎巻き
鮎の蓼味噌かけ

鮎の風干し明太子漬け

使いきれなかったアユは、手早く塩をあてて風干しにして保存する。ここにひと味加え、辛子明太子に漬けて、ピリ辛のアユに変身させた一品。

料理／村上 一

材料
アユ　30尾
塩　少量
辛子明太子（バラ子）　200〜500g
煮きり酒　適量

1　アユを背開きにし、薄塩をあてて半日ほど風干しにする。
2　辛子明太子（バラ子）の味をみて、辛すぎるようなら煮きり酒で洗う。バットに敷き詰め、1のアユをのせる。上からも明太子をのせる。
3　半日〜1日ほど漬けたらアユを引き上げる。

● **保存・用途**
◎　1尾ずつラップ紙で包んで冷蔵庫に保存する。1週間は日持ちする。
◎　そのまま焼きものにしたり、焼いたアユの身をほぐして野菜と一緒に和えものにする。

炙り鮎入りお焼き
大葉　三つ葉　もみ海苔
旨だし

和えもの
炙り鮎と浅瓜
針生姜

常備菜を使って

解説208頁

炙り鮎

鱧
はも

鱧の山椒煮

骨切りしたハモの皮をさっと焼き、くるくると巻いて縛る。
これを濃いめの山椒風味でじっくりと煮含めた、旬ならではの常備菜。

料理／村上 一

材料
ハモ（長さ10～15㎝の切り身） 20カン
煮汁
　煮きり酒 1・5ℓ
　水 1・5ℓ
　ミリン 450cc
　濃口醤油 300cc
実山椒 90g

1 ハモを骨切りし、皮をさっとあぶってから10～15㎝の長さごとに切り落とす。
2 皮を内側にしてくるくると巻き、竹の皮で2カ所ほど縛る。
3 全体をさっとあぶってから、重ならないように鍋に並べる。煮きり酒、水、ミリン、濃口醤油の地をひたひたに張る。実山椒を入れて、弱火でじっくりと煮含める。
4 地が半分まで煮詰まったら、煮汁をハモにかけながらさらに煮詰めていく。

● 保存・用途
◎ 冷蔵庫で約1週間保存可能。使う時は、蒸してハモを柔らかくもどしてから用いる。
◎ 鱧ご飯、鱧茶漬けをはじめ、蒸しものや饅頭の中身に。

鱧ご飯と鱧茶漬け
三つ葉　山葵

常備菜を使って

解説208頁

鱧入り蓮根饅頭
煎り米のあんかけ
もみ海苔　山葵

鱸

すずき

鱸の酒盗漬け

夏の魚の代表格、スズキ。ここでは塩分を適度に抜いた酒盗と白味噌ベースの地に漬け込み、スズキ特有の磯くささを和らげている。

料理／村上 一

材料

スズキ（切り身） 20枚

漬け地

カツオの酒盗（内臓の塩辛） 500g

酒 700cc

水 300cc

ミリン 50cc

白味噌 100〜200g

1 スズキを水洗いし、三枚におろす。腹骨と小骨を取り、切り身にする。

2 水、酒、塩（すべて材料外）で海水程度の塩水を作る。これを呼び塩として、カツオの酒盗を入れて2時間ほど浸し、塩を適度に抜く。酒盗はザルにあけて水気をきる。

3 漬け地を作る。酒と水を合わせたところに2の酒盗を入れ、ミリンも加える。これをいったん煮立て、裏漉してから冷ます。白味噌を溶き入れて漬け地とする。

4 漬け地にスズキを漬ける。切り身の大きさにもよるが、4〜5時間漬けたら引き上げる。

● 保存・用途

◎ 1切れごとラップ紙に包み、冷蔵庫に入れて3〜5日間保存可能。玉水（同量の酒と水）で漬け地を洗い流してから使用する。

◎ そのまま焼いて焼魚に。あぶってから野菜と炊いたり、から揚げなどにしてもよい。

常備菜を使って

解説208頁

鱸の酒盗焼き
酢どり生姜

揚げ賀茂茄子
鱸のつくね焼き
はじかみ　すだち

鱸の万願寺唐辛子包み煮
一寸豆

鰺《あじ》

鰺の風干し

三枚におろしたアジに塩をして、風干しにしておく。

つまりアジの干物だが、骨を除いておくことで、「むしり」にもしやすく利用範囲が広がる。

料理／北岡三千男

材料
アジ　5尾
浸け地（割合）
┌酒　1
└水　1
塩　適量
昆布　10g

1　アジの頭を落とし、内臓を除いて三枚におろす。腹骨を取る。

2　酒と水を同割で合わせ、塩を加えて海水程度の塩加減にする。昆布を差し込み、浸け地を作る。

3　2の浸け地にアジを入れ、30分〜1時間浸ける。水気をきってから風干しにする。

● 保存・用途

◎冷蔵庫で1週間ほど保存可能。

◎焼きもののほか、ほぐして和えものや揚げものに。

常備菜を使って

解説209頁

炙り鯵のむしり
水玉胡瓜　茗荷
吸い酢　白髪葱

鯵の梅酢煮
針生姜

鮑

あわび

蒸し鮑

大きめのアワビに酒をふりかけ、柔らかく蒸してから保存する。切り分けて使えば、少量でも高級感と季節感を演出できる。

料理／北岡三千男

材料
アワビ　3個
酒　適量
大根　6切れ

1　アワビは大きめ（1個250〜300g）のものを使う。タワシで汚れを落とし、殻をはずして身を掃除をする。肝を切り離す。
2　アワビに酒をふりかけ、輪切りにした大根で挟む。4〜5時間蒸す。
3　水気をきり、1個ずつアルミ箔で包む。軽く重石をして冷蔵庫で保存する。肝はゆがいてから冷蔵庫で保存する。

● 保存・用途
◎ 冷蔵庫で約1週間は保存可能。肝は4〜5日で使いきる。
◎ 身は切り分けて先付や八寸に。和えものや蒸しものにも。肝は薄くスライスしてあしらいにする。

常備菜を使って

解説209頁

蒸し鮑とアボカド
すだち

蒸し鮑の酢のもの
胡瓜　糸瓜　花穂紫蘇
加減酢

蛸《たこ》

蛸の風干し

タコの足を干した珍味は瀬戸内の名産。ここでは、1日ほど風干しにし、歯ごたえはあるものの噛み切れる程度に仕上げる。干すことで旨みが凝縮し、甘みも増す。

料理／北岡三千男

材料
タコの足　4本
大根おろし　適量
塩　適量

1 タコの足を水洗いし、大根おろしをまぶしてぬめりをこすり取る。包丁で皮をむき、縦割りにして開く。

2 全体に軽く塩をして、ペーパータオルを敷いたバットにのせる。1日ほど風干しにする。吸盤のついた皮も同様に干す。

● **保存・用途**

◎ 冷蔵庫で約1週間保存可能。

◎ あぶって適当にむしり、酢のものや和えものにする。揚げたり、ご飯に炊き込んでもよい。

常備菜を使って

解説209頁

蛸の酢のもの

大根　もやし　独活

土佐酢

蛸の白せん揚げ

吸盤のみぞれ和え

すだち

夏

蛸の子

たこのこ

ゆで蛸の子

タコの卵巣は袋ごとゆがき、ほぐして保存する。
しんじょうや和え衣などに使い、淡白な風味を生かす。

料理／北岡三千男

材料

タコの子（卵巣）　5匹分
塩　適量

1　タコの子（卵巣）は、表面についた血合いや汚れを洗い流す。

2　たっぷりの湯を沸かし、塩をひとつまみ入れる。タコの子を袋ごと入れ、中に火が入るまでしっかりゆでる。

3　おか上げして冷まし、袋を開いて卵をほぐす。

● 保存・用途

◎ 冷蔵庫で4〜5日間保存可能。
◎ しんじょうや卵豆腐に混ぜたり、和え衣などに使う。

蛸の子の卵寄せ

ふり柚子

常備菜を使って

解説210頁

蛸の子の生姜煮

蛸の吸盤　三度豆

木の芽

炊合せ

蛸の子　焼き麩
小芋　三度豆

蛸の子のかるかん

人参　椎茸　三つ葉
実山椒

秋

松茸　占地　茸　蓮根　柚子　栗　小芋

甘鯛　鰆　秋刀魚　鰯　子持ち鮎　針烏賊　紋甲烏賊

松茸《まつたけ》

焼き松茸

すぐに使いきれないマツタケは、さっとあぶって保存すると香りも歯ごたえも充分保たれる。ただし色は褪せるので、使いみちには工夫が必要。

料理／北岡三千男

材料

マツタケ　適量

1　マツタケの石突きを包丁で薄くそぎ取る。表面の汚れは歯ブラシでこすり落とす。

2　炭火で網焼きに、または串に刺して天火で焼く。いずれも遠火でじっくり加熱すること。

● **保存・用途**

◎ 冷めたら1本ずつラップ紙で包み、冷蔵庫に入れる。2〜3日間保存可能。

◎ 椀ものや和えもの、煮ものに。

常備菜を使って

解説２１１頁

松茸のお浸し

菊花　菊菜

松茸と水菜のサラダ

とんぶり　すだち

秋

占地《しめじ》

本しめじころ煮

本シメジを少なめの合わせ地で直炊きにし、照りを出す。ころりとしたいかにもキノコらしい姿を生かして秋を演出するのに効果的。

料理／平井和光・結野安雄

材料（作りやすい量）

本シメジ　30本

煮汁

- だし　540cc
- 酒　900cc
- 淡口醤油　90cc
- 濃口醤油　90cc
- ミリン　240cc

1　本シメジを掃除し、石突きを切り落とす。だし、酒、淡口醤油、濃口醤油、ミリンの地に入れ、煮る。あまり煮込まず、歯ごたえを少し残して炊き上げる。

● **保存・用途**

◎冷蔵庫で約3日間保存可能。

◎姿を生かして丸のまま炊合せや八寸、弁当に用いる。

常備菜を使って

解説211頁

本しめじのころ煮
木の芽

本しめじの甘鯛巻き
万願寺唐辛子　すだち

錦和え
本しめじ　柿　栗
銀杏　菊菜　胡桃　いくら

秋

茸《きのこ》

茸の網焼き

身近にあるいろいろなキノコを、さっと網焼きにして水分をとばし、旨みを凝縮させる。必要に応じてさらに焼いたり、だしに浸けてもどして用いる。

料理／北岡三千男

材料
エノキ茸　1束
シメジ　2パック
マイタケ　2パック
生シイタケ　6枚
エリンギ　3本
塩、酒　各適量

1　キノコはそれぞれさっと洗い、汚れを落とす。石突きを切り落とす。キノコの種類や量は、好みに応じて調整する。

2　塩と酒をふりかけ、軽く水分をとばすようにさっと網焼きにする。

● 保存・用途

◎ 冷めたら冷蔵庫に入れ、1週間保存可能。

◎ 先付や煮もの、炊き込みご飯、料理のあしらいに。

常備菜を使って

解説211頁

茸の牛肉巻き

酢どり茗荷　すだち

茸と牛肉のしぐれ煮

針生姜

茸の南蛮ご飯

三つ葉

蓮根《れんこん》

練り蓮根

レンコンをすりおろし、つなぎに片栗粉などを加え、火にかけて練って保存する。蓮餅やまんじゅう、しんじょうなどの料理も手早くできる。

料理／平井和光・結野安雄

材料

レンコン　350g
卵黄　1個分
片栗粉　20g

1　レンコンの皮をむき、おろし器ですりおろす。巻き簾にとり、軽く水気を絞る。
2　レンコンにほぐした卵黄、片栗粉を加え、よく混ぜ合わせる。
3　2を鍋に入れ、弱火にかけてゆっくりと練り上げる。粗熱をとり、冷蔵庫で保存する。

● **保存・用途**

◎冷蔵庫で3～4日間保存可能。
◎蒸しもの、しんじょう、まんじゅうなどの生地に使用。

常備菜を使って

解説212頁

蓮根まんじゅう

烏賊　海老　百合根
生姜　三つ葉

蓮根はさみ揚げ

木耳　枝豆　海老

柚子《ゆず》

柚子標茸煮

黄色に色づいたユズの皮は、ゆでこぼして苦みを抜き、シメジとしっかり煮しめる。さまざまな料理に展開できる、秋ならではの香り豊かな常備菜。

料理／上野修三

材料

ユズ　大5個
シメジ　3パック
煮汁（割合）
- 煮きり酒　3
- 水　1
- 昆布　1枚（20cm角）
- 濃口醤油　1
- ミリン　1

ユズの搾り汁　適量

1　ユズを半分に切り、中身をくり抜いて皮だけを使う。皮はたっぷりの水で数回ゆでこぼし、一晩水にさらす。水気を拭き、適宜の大きさにきざむ。

2　シメジを掃除し、石突きを切り落とす。1本ずつほぐしておく。

3　煮きり酒と水を合わせ、昆布を入れて煮出す。味が出たら昆布を引き上げ、きざんだユズとシメジを加えて煮る。濃口醤油とミリンで味をととのえる。煮汁がほとんどなくなったら、仕上げにユズの搾り汁を落とす。

● 保存・用途

◎ 冷蔵庫で約1週間保存可能。

◎ 小鉢やご飯のおともに。

柚子標茸煮の滑り和え

糸長芋　三つ葉　岩茸

常備菜を使って

解説212頁

焼き痕《め》ぐじ　柚子標茸煮の蕪蒸し

蕪の葉　紅葉麩　山葵あん　糸柚子

栗

くり

銀寄栗渋皮煮

栗の中でも大粒の品種である「銀寄《ぎんよせ》」を使う。水分が多いので味を含ませやすく、料理にも適している。甘みを抑えて煮含めれば、季節感のある素材として出番が多い。

料理／上野修三

材料

栗（銀寄）　40個

煮汁

- 水
- 砂糖
- 濃口醤油

（水・砂糖・濃口醤油で）醤油風味の薄めのシロップを作る

1 水に灰（材料外）を入れて上澄み液をとる。これに鬼皮をむいた栗を入れ、柔らかくゆでる。

2 冷ましてから流水にさらし、渋を洗い流す（好みで少し渋を残してもよいが、渋皮を傷つけないようにすること）。その後、たっぷりの水にしばらく浸ける。

3 水、砂糖、濃口醤油を火にかけ、栗を入れて煮含める。煮汁に浸けたまま冷ます。

● **保存・用途**

◎冷蔵庫で約1週間保存可能。

◎炊合せや酒肴盛りの一つとして。白酢かけに。甘く仕立ててデザートにも。

常備菜を使って

解説212頁

渋皮煮の栗餡かけ

隈海老の葛煮　菊菜の煮浸し
糸柚子

渋皮栗玉霰揚げ

秋

栗

くり

栗の蜜煮

栗の蜜煮は甘みを加えているため、かなり長期間保存できる。裏漉しにかけて「きんとん」の状態で保存してもよい。

料理／北岡三千男

材料

栗 30～40個

グラニュー糖 200g

水 1ℓ

1 栗の鬼皮と渋皮をむく。

2 鍋にグラニュー糖と水を入れて火にかけ、シロップを作る。栗を入れ、ゆっくりと含め煮にする。煮汁ごと冷まして味を含ませる。蜜煮として使う場合は、このまま保存する。

3 きんとんにする場合は、煮汁をきり、軽くつぶしてから裏漉しにかける。

● 保存・用途

◎ 冷蔵庫で10日～2週間保存可能。

◎ そのまま八寸の一品としたり、少量を箸休めに。旬の果物などと組み合わせて秋のデザートにしてもよい。

裏漉ししてきんとんの状態でも保存できる。

栗と梨の博多

生姜の甘煮

常備菜を使って

解説213頁

栗きんとんの蕎麦クレープ巻き

ぶどう

秋

小芋《こいも》

小芋の含め煮

時間をかけてやや濃いめに煮含めた小イモは、そのまま用いるのはもちろん、あぶる、揚げるなどの加熱調理をもうひとつ加えれば、折詰にも安心して使える。

料理／北岡三千男

材料

小イモ　25〜30個
煮汁
- だし　1ℓ
- 淡口醤油　50cc
- ミリン　100cc
- 塩　小さじ1

1　小イモの皮をむき、ぬめりを水で洗う。米のとぎ汁（材料外）で下ゆでする。
2　小イモを流水で洗い、米のとぎ汁を落とす。
3　だし、淡口醤油、ミリン、塩でやや濃いめに味をととのえた地で、ゆっくりと煮含める。煮汁ごと冷まし、冷蔵庫で保存する。

● **保存・用途**

◎冷蔵庫で3〜4日間保存可能。
◎炊合せや揚げもの、焼きものに。

常備菜を使って

解説213頁

煮もの椀

石垣小芋　焼き松茸　三度豆　柚子　清汁仕立

小芋の田楽　胡桃

ふり柚子

秋

甘鯛《あまだい》

ぐじの一夜干し

アマダイを関西では「ぐじ」と呼ぶ。ここでは背開きにしたアマダイを、海水程度の塩水に柑橘類の果汁とともに漬け込み、爽やかな風味を移している。

料理／村上　一

材料

アマダイ　2尾

浸け地

- 水　800cc
- 塩　25〜30g
- 昆布　30g
- 酒　200cc
- 柑橘類の搾り汁　50cc
- 赤トウガラシ　2本

アマダイ（グジ）

1　アマダイを背開きにし、内臓や血合いを取り除く。

2　水と塩を合わせて立て塩を作り、昆布、酒、柑橘類（ユズやスダチ）の搾り汁、赤トウガラシを入れる。ここにアマダイを半日ほど浸ける。

3　アマダイを引き上げて水気を拭き、軽く風干しにする。

● **保存・用途**

◎冷蔵庫で2〜3日間保存可能。

◎焼いて焼きものにするほか、ほぐし身を利用して和えものに。焼いたものは当日中に使いきること。

常備菜を使って

解説213頁

ぐじの白和え

しめじ　木耳　こんにゃく
三つ葉

ぐじの紅葉和え

松茸　百合根　辛子明太子
トマト　揚げ牛蒡　糸柚子

ぐじの果実釜盛り

蟹　キムチ　絹さや

鰆《さわら》

狭腰《さごし》加良《から》漬《づけ》

小ぶりのサワラを関西ではサゴシとも呼ぶ。ここではおからに酒、淡口醤油、ミリンでやや薄めに味をつけた床に漬け込む。やさしい風味の幽庵漬け。

料理／上野修三

材料
小ぶりのサワラ（サゴシ）　1尾半
塩　少量
漬け床
- おから　2玉（約300g）
- 酒　180cc
- 淡口醤油　適量
- ミリン　適量
- 昆布　1枚（20㎝角）
- ユズの皮　1個分

1　おからに酒、淡口醤油、ミリンで味をつける。適宜にきざんだ昆布とユズの皮を混ぜ、一晩ねかせて漬け床とする。

2　サワラを水洗いし、三枚におろして腹骨と小骨を取る。薄塩をあてて一晩おく。

3　1の漬け床にサワラを直接漬け込む。2〜3日後が食べ頃。串打ちし、焼いて提供する。

● **保存・用途**

◎ 食べ頃まで漬け込んだものは、引き上げて1切れごとラップ紙に包み、冷蔵庫で保存する。3〜4日間保存可能。なお、漬け床のおからは、酒を加えていったん火を入れれば、漬け床として再利用できる。

◎ 焼きものや蒸しものに。

常備菜を使って

解説214頁

狭腰の巻繊《けんちん》焼

菊花栗甘煮　はじかみ

狭腰の三幸蒸し

卯の花　銀杏　松茸　酢どり生姜

秋刀魚

さんま

秋刀魚の酢締め

サンマが大量に入荷した時には、すぐに使わないぶんを上身にし、塩で締めて甘酢に浸けておく。水を加えた甘酢を使えば、時間をおいても身が締まりすぎずおいしく食べられる。

料理／北岡三千男

材料

サンマ　3尾

塩　適量

甘酢

- 水　700cc
- 酢　300cc
- 砂糖　200g

1 サンマを水洗いし、三枚におろす。頭と尾を切り落とし、腹骨をすき取る。強めに塩をあてて1〜2時間おき、水気を拭き取る。

2 水、酢、砂糖を合わせて甘酢を作る。ここにサンマを浸ける。半日後から食べられる。

● **保存・用途**

◎ 引き上げてラップ紙に包み、冷蔵庫で約1週間保存可能。

◎ 酢のもの、和えものなどに。

常備菜を使って

解説214頁

秋刀魚の広島菜巻き

菊花　青紫蘇　針生姜

秋刀魚のありの実和え

なめこ　軸三つ葉

秋

鰯

いわし

鰯のあっさり炊き

「小羽《こば》イワシ」と呼ばれる小さめのイワシを薄い塩水で洗い、醤油味であっさり炊いて生臭さを消す。薄味に仕上げることで、あとの調理がしやすい。

料理／北岡三千男

材料

イワシ（小ぶりのもの）　30〜40尾

煮汁（割合）

- 水　10
- 酒　3
- 淡口醤油　1
- 酢　0・5

1　小羽《こば》イワシと呼ばれる小さなイワシを用意する。頭を切り落とし、腹も切って内臓を取り、ていねいに洗う。全体を薄い塩水（材料外）で洗い、水気をよく拭き取る。

2　鍋に水、酒、淡口醤油、酢を合わせて火にかける。この地にイワシを入れ、さっと炊く。

● 保存・用途

◎ 炊き上がったイワシは引き上げ、バットに並べて保存。冷蔵庫で4〜5日間日持ちする。

◎ 煮浸し、揚げものなどに。

鰯の紫蘇煮
ふり胡麻

常備菜を使って

解説215頁

鰯の生姜煮

鰯の空揚げ

手開きにしたイワシに片栗粉をまぶして空揚げに。足の早いイワシの保存法の一つ。

料理／北岡三千男

材料

イワシ（小ぶりのもの）　300g
片栗粉　適量
揚げ油　適量

1　小羽《こば》イワシと呼ばれる小さなイワシを使用。頭を切り落とし、手開きにして骨を取り除く。縦に裂く。

2　水でよく洗い、水気を拭き取る。全体に片栗粉をまぶし、160℃の油に入れる。徐々に油の温度を上げ、香ばしくからっと仕上げる。

● **保存・用途**

◎冷蔵庫で4～5日間保存可能。

◎そのまま塩やレモンを添えて、ビールのあてに。また、三杯酢に漬けて酢のものに。

常備菜を使って

解説215頁

鰯の南蛮漬け

黄にら　玉葱　赤唐辛子

鰯の空揚げの沢煮椀

人参　牛蒡　椎茸　もやし
三つ葉　木の芽　おろし生姜

鰯の空煮鱠《からになます》

小さめのマイワシを酢水で炊いて煮なますに。
卵の花寿司をヒントに、豆乳で炊いたおからに漬け込み、常備菜に仕立てた。
「空煮鱠」とは「おからの煮鱠」を略した料理名。

料理／上野修三

材料

イワシ（小さめのもの）　60尾
酢　適量
昆布　1枚（20㎝角）
漬け床
　おから　2玉（300g）
　豆乳　360cc
　イワシの煮汁　適量
　酢　豆乳と煮汁の1/3量
　砂糖　少量
　塩　少量
　卵黄　2個

1　小さめのイワシの頭に包丁を入れ、内臓も一緒に引っ張り出す。尾は切り落とす。腹の中をよく洗って臭みを取り、塩を入れた氷水（材料外）に放って身を締める。

2　イワシをひたひたの湯でさっと炊き、煮汁を半分捨てる。捨てたぶんの酢を足し、3等分にした昆布も入れる。アルミ箔で落とし蓋をして、弱火で骨まで柔らかく炊く。

3　おからに豆乳を加えて柔らかくのばし、漉し器で漉す。イワシの煮汁をすべて布漉しして加え、酢、砂糖、塩、卵黄も加えて混ぜながらゆっくり炊く。冷まして漬け床にする。

4　バットに2のイワシを並べ、上に冷ました漬け床をのせる。重ねて漬けてもよいが、イワシの皮がはがれないように注意する。3〜4日で食べ頃となる。

● **保存・用途**

◎床に漬けたまま冷蔵庫で約1週間保存可能。
◎先付や酢のもの、八寸などに。

常備菜を使って

解説215頁

鱚の空煮鱠蓼酢かけ

赤芋茎　花茗荷

酒肴盛

鱚の空煮鱠　実山椒
鰻の八幡巻き
白瓜雷干し　花けずり

子持ち鮎

こもちあゆ

素焼き子持ち鮎

アユは仕入れたらすぐに処理するのが原則だが、使いきれないぶんは素焼きにして保存。子持ちアユの場合は、身と卵を別々に利用できて用途は広い。

料理／北岡三千男

材料
子持ちアユ　適量

1 子持ちアユの腹の皮に、包丁で5カ所ほど切り込みを入れる（焼いた時に皮が破れるのを防ぐため）。

2 アユに串を打ち、遠火の強火で焼く。保存させるため、腹を中心にしっかり焼くこと。

● 保存・用途

◎ 冷蔵庫で1週間保存可能。

◎ そのまま煮ものなどにするほか、身をむしって和えものや酢のものにしたり、卵だけを取り出して、流しものや和え衣に使うことも。

常備菜を使って

解説216頁

子持ち鮎と茄子の浸し

蕎麦の芽　茗荷

子持ち鮎のおろし煮

針柚子　かいわれ菜

針烏賊

はりいか

針烏賊酒塩蒸し

針イカはスミイカ、コウイカとも呼ばれる。酒と水、梅干しだけで蒸すため、あとの調味もしやすく応用範囲が広い。イカと大根を炊いた惣菜をヒントにした一品。

料理／上野修三

材料

針イカ＊　6杯
大根　½本
蒸し汁
- 昆布　1枚
- 煮きり酒　180cc
- 水　120cc
- 塩　少量
- 梅干し　小3個

1　針イカを甲（殻）がついているほうから開き、甲と内臓、足を取り除き、水洗いする（足は使わない）。さっと霜ふりにする。

2　針イカの身幅に合わせて、大根を棒状に切る。針イカで大根を巻き、ガーゼで包んで縛る。

3　バットに昆布を敷き、針イカを並べる。煮きり酒、水、塩を合わせた地をひたひたに張る。梅干しも一緒に入れる。

4　紙蓋をして、蒸し器で約3時間蒸す。

＊　針イカ…コウイカの一種で、甲の先が尖っている。ここでは出始めの小ぶりのものを使う。他のイカも使えるが、詰めものをするため、小さいほうが扱いやすい。

●保存・用途

◎煮汁に浸したまま冷蔵庫で1週間保存可能。

◎適宜に切り分けて、ゴマや味噌味のたれをかけて提供する。また、新たに味をつけて煮ものや蒸しもの、炊合せに使うこともできる。

常備菜を使って

解説216頁

烏賊大根煮

百合根　蕪間引き菜
針柚子

烏賊ポテト

葉野菜　トマト　鱒子
クリームネーズ

紋甲烏賊《もんごういか》

紋甲烏賊オイル煮

モンゴウイカを低温の油で煮て、柔らかな触感を引き出しつつ油の風味となめらかさを加える。柔らかさを生かして、サラダや和えものなどに。

料理／平井和光・結野安雄

材料

モンゴウイカ　1杯
塩　少量
サラダ油　適量

1　モンゴウイカを、甲（殻）がついているほうから開き、足と内臓を取り出す（足と内臓は使わない）。身の薄皮をはがす。

2　薄塩をあててしばらくおき、水気を拭き取る。バットにサラダ油を注ぎ、モンゴウイカを浸す。80℃のコンベクションオーブンで15分間加熱する。コンベクションオーブンがない場合は、蒸し器に入れ、弱火で蒸し煮にする。

3　粗熱を取り、サラダ油に浸けたまま冷蔵庫で保存する。

● **保存・用途**

◎冷蔵庫で1週間～10日間保存可能。
◎柔らかな触感を生かして、サラダ、和えもの、酢のものなどに。

いかと独活の明太子和え

いかの卯の花巻き

木の芽

いかの真砂和え

松茸　人参　三つ葉

常備菜を使って

解説216頁

冬

蕪　大根　海老芋　牛蒡

牡蠣　菱蟹　蟹　蛸　鮟肝　河豚　皮はぎ　鰤　赤舌鮃　鯖

蕪《かぶ》

蕪の浅漬け

カブをシンプルに浅漬けに。漬けものとして使うだけでなく、生のシャキシャキとした感触を生かして、和えものや珍味を挟んで酒肴としても利用できる。

料理／村上 一

材料

カブ　大1個

浸け地

- 塩　30g
- 水　1ℓ
- 昆布　40g
- 赤トウガラシ　1〜2本

1　カブの葉を切り落とし、根の皮をむき、大ぶりに切る。葉は洗っておく。

2　塩と水を合わせて立て塩（海水程度の濃度の塩水）を用意し、差し昆布をして赤トウガラシも入れる。

3　2にカブと葉を浸ける。1日ほどすれば食べられる。

● **保存・用途**

◎冷蔵庫で2〜3日間保存可能。

◎適宜の厚さに切り、他の食材を挟んで酢のものやサラダ、和えものに。葉は少し青みの欲しい時に便利。

常備菜を使って

解説217頁

蕪の卵黄味噌漬け挟み
菊花浸し

蕪の秋刀魚押し
糸塩昆布

蕪とくらげの胡麻和え

蕪の甘酢漬け

カブの甘酢漬けは冬の漬けものの代表格で、常備しておきたいもののひとつ。カブを桂むきにしたまま漬けておくことで、応用範囲が広がる。

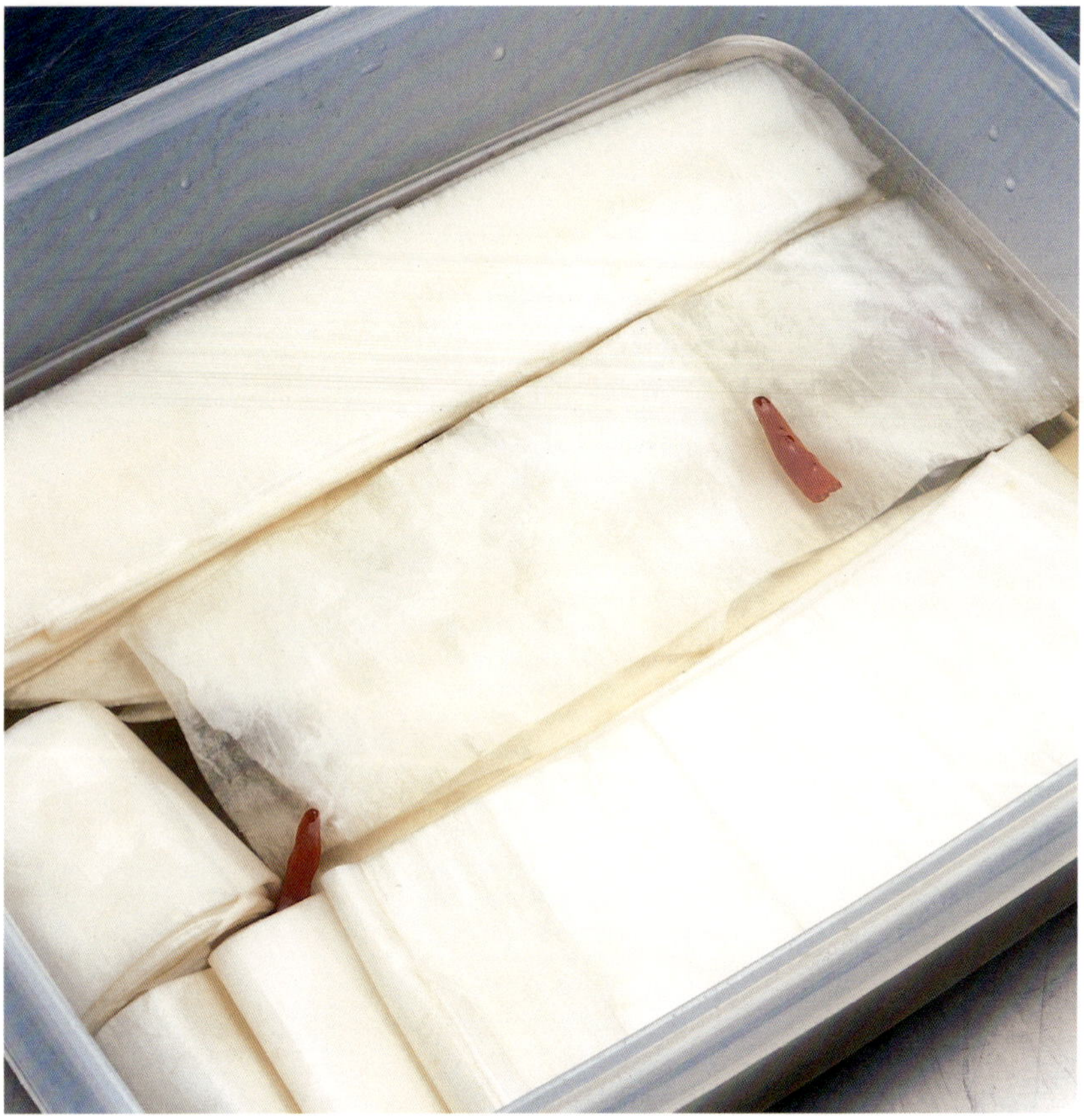

料理／平井和光・結野安雄

材料
カブ　大2個
立て塩　適量
甘酢
　水　3ℓ
　酢　1ℓ
　砂糖　900g
赤トウガラシ　1〜2本

1　カブの皮を厚めにむき、桂むきにする（汎用性を考え、いくつか幅を変えてむいておくとよい）。立て塩（塩分3％）に浸け、しんなりさせる。

2　水と酢、砂糖を合わせて甘酢を作る。ここに水気を拭いたカブを漬け、赤トウガラシを1〜2本入れる。1日ほどで食べられる。

●保存・用途
◎冷蔵庫で約1週間保存可能。
◎酢のものや漬けものをはじめ、和えもの、料理のあしらいに。

常備菜を使って

解説217頁

蕪の博多

甘鯛　昆布　黄身酢

サーモン蕪巻き

蟹ずし蕪巻き

煎り胡麻　ふり柚子

天王寺蕪鮓《かぶらずし》

塩で締めたカブとコノシロを、麹とご飯を発酵させた床に漬け込む馴《な》れ寿司。カブの代わりに大根を、また、魚をイワシ、サバ、ニシン、ブリにしてもよい。

料理／上野修三

材料

カブ（天王寺カブラ）　大10個
コノシロ＊　15尾
塩　適量
酢水（酢1、水3）　適量
漬け床
［麹　200g
［すし飯　2合分

1　漬け床を作る。麹を50～60℃の湯（材料外）に浸け、もみほぐして柔らかくもどす。すし飯を作り、麹とよく混ぜて一晩ねかせる。

2　コノシロを三枚におろし、腹骨と小骨を取る。強塩をして一晩置き、水で洗う。水気を拭き、皮に細かく包丁を入れる。酢水にコノシロを浸け、身が白くなったら引き上げる。

3　カブは固いものを用意する。皮をむき、厚さ1cmの半月型に切る。薄塩をあててからザルなどに並べ、風にあててしんなりさせる。

4　樽などに漬け床を敷き詰める。コノシロとカブをそれぞれ半分に折り、互いをかみ合わせて床に並べる。上からも漬け床をのせ、重石をして密閉し、冷暗所に1週間ほどおく。麹の地が発酵し、とろっとしてきたら完成。

＊コノシロ…コハダの大きなもの。馴《な》れ寿司や卯の花寿司などにもよく用いる。

保存・用途

◎床に漬けたまま1週間ほど保存可能。冷蔵庫に入れるとさらに日持ちする。

◎そのまま酒肴や珍味として。八寸の一品に。

先付
天王寺蕪鮓
針柚子

常備菜を使って

解説218頁

酒肴
蕪鮓柚釜盛り
車海老唐墨焼き
青身大根醪漬け

冬

大根《だいこん》

冬大根含め煮

おいしさが増した冬大根を薄味でゆっくり含め煮に。冬大根ならではの甘みや風味をストレートに味わうため、大ぶりに切り分けて調理する。

料理／平井和光・結野安雄

材料
大根　1本
煮汁
- だし　1・8ℓ
- 酒　300cc
- 鶏ガラスープ　900cc
- 淡口醤油　300cc
- ミリン　180cc
- 塩　10g

1　大根を4〜5cmの厚さに輪切りにし、皮をむき、面取りする。米のとぎ汁（材料外）で柔らかくゆで、水で洗う。

2　だし、酒、鶏ガラスープ、淡口醤油、ミリン、塩を合わせた地に大根を入れ、弱火でゆっくりと煮含める。

3　大根を煮汁に浸けたまま冷まし、冷蔵庫で保存する。

● **保存・用途**

◎　薄味に仕上げているため、適宜だしを足して火を入れ、味をととのえながら保存する。冷蔵庫で4〜5日間保存可能。

◎　煮もの、炊合せなどに。

常備菜を使って

解説218頁

大根のふろふき
田楽味噌　柚子

大根ステーキ
あんきも　葱　芥子

海老芋《えびいも》

海老芋田舎煮

米のとぎ汁などで下ゆでせずに、直炊きにしてエビイモの持ち味をストレートに味わう。しっかり炊いておけば日持ちし、そのままの味を長く楽しめる。

料理／平井和光・結野安雄

材料（作りやすい量）

エビイモ　40個
だし　1・8ℓ
酒　180cc
砂糖　140g
淡口醤油　30cc
塩　適量
ミリン　少量

1　エビイモの天地を切り落とし、皮を六方にむく。

2　鍋にだしと酒を入れ、エビイモを炊く。竹串がすっと入るぐらいに柔らかくなったら、砂糖と淡口醤油を入れ、しばらく炊く。塩で味をととのえ、最後にミリンを加えて仕上げる。

3　エビイモの形がくずれないようにバットに並べ、粗熱をとる。冷蔵庫で保存する。

● **保存・用途**

◎冷蔵庫で3～4日間保存可能。
◎炊合せや蒸しものに。

常備菜を使って

解説218頁

海老芋田舎煮

海老芋の湯葉蒸し
生雲丹　しめじ
山葵

冬

牛蒡《ごぼう》

牛蒡含め煮

ゴボウの歯ごたえを少し残すように、濃いめの味で煮含めて保存する。
組み合わせる素材の臭みを消したり、味にアクセントをつけたい時に重宝する常備菜。

料理／北岡三千男

材料

ゴボウ　5本

煮汁
- だし　1・8ℓ
- 濃口醤油　100cc
- ミリン　100cc

1　ゴボウはたわしでこすり、表面の汚れを洗い流す。10㎝ほどの長さに切る。

2　糠《ぬか》と酢（各材料外）を入れた湯で、ゴボウを下ゆでし、糠を洗い流す。

3　鍋にだし、濃口醤油、ミリンを入れ、ゴボウを煮含める。

4　煮汁に浸けて冷まし、そのまま冷蔵庫で保存する。一部は桂むきにして浸けておくと、汎用性がさらに高まる。

● **保存・用途**

◎冷蔵庫で4～5日間保存可能。

◎炊合せ、焼きもの、蒸しものに。桂むきにしたゴボウは巻きものなどに使用。

常備菜を使って

解説219頁

牛蒡の生雲丹焼き
利休あん　青身大根
すだち

細巻
牛蒡　玉子　烏賊
三つ葉
酢どり生姜

牛蒡と穴子の
しんじょうの博多
千代呂木

牛蒡鳴門巻き
鴨　軸三つ葉

牡蠣《かき》

牡蠣酒煎り

カキは酒煎りにすることで生臭さが消え、下味もつくのですぐに料理に使うことができる。

料理／北岡三千男

材料

カキ（むき身）　1kg
酒　300cc

1　カキを大根おろし（材料外）の中でかき混ぜ、汚れを取る。水洗いし、水気を拭き取る。

2　鍋に酒を入れて煮立たせる。カキを入れ、酒煎りにする。

3　汁気をきり、冷蔵庫に保存する。

● **保存・用途**

◎冷蔵庫で4～5日間保存可能。

◎蒸しもの、酢のもの、煮ものに。

常備菜を使って

解説219頁

牡蠣のひろうす

牛蒡　金時人参
三つ葉　大和芋
べっこうあん　芥子

牡蠣のレタス巻き

しめじ　金時人参
揚げそばの実
ぽん酢あん

牡蠣入り百合根コロッケ

味噌バター
葛あん　三つ葉

牡蠣の黄身揚げ、おろし煮

針柚子

干し牡蠣

カキを串に刺して半日ほど陰干しにし、旨みを凝縮。そのままあぶって使うほか、加熱しても水分が出にくいため、生ガキと同じ感覚で使う場合にも重宝する。

料理／北岡三千男

材料

カキ（むき身）　16～20個

1　カキを大根おろし（材料外）の中でかき混ぜ、汚れを落とす。水で洗い、水気をよく拭く。
2　カキを4～5個ずつ竹串に刺す。
3　風通しのよいところで半日ほど陰干しし、中は半生に仕上げる。

● **保存・用途**

◎冷蔵庫で2～3日間保存可能。
◎煮ものや酢のもの、お椀、しんじょうなどに。生のカキと同じように使うこともできる。

干し牡蠣の朴葉焼き

蕗味噌　諸味
蕗のとうの葉

干し牡蠣のコキール

慈姑あん　あられ　柚子
ミント　すだち

常備菜を使って

解説220頁

牡蠣の辛煮

カキをたまり醤油と酒だけで、からめるように煮詰める。佃煮風に炊くので味がしっかりつき、保存がきく。

料理／北岡三千男

材料

カキ（むき身）　30～40個
たまり醤油　１００cc
酒　２００cc
ミリン　１００cc

1　カキを大根おろし（材料外）の中でかき混ぜ、汚れを落とす。水で洗い、水気をよく拭く。
2　鍋にたまり醤油と酒を入れ、煮立てる。カキを入れて、弱火で佃煮のように煮詰める。
3　仕上がる少し前にミリンを加え、照りを出す。

● **保存・用途**

◎粗熱をとり、冷蔵庫で1週間保存可能。
◎そのまま小皿に盛って先付に。またご飯に添えたり、お茶漬けでも楽しめる。

常備菜を使って

解説220頁

牡蠣の辛煮入り飯蒸し

くちこ　蕗のとうの葉　木の芽

牡蠣の辛煮おろし和え

そばの実

菱蟹《ひしがに》

菱蟹の白味噌煮

秋から冬の味覚であるヒシガニを、殻ごと白味噌で甘く炊いておく。殻ごと、あるいは身をせせり取って料理に仕立てる。

料理／上野修三

材料

ヒシガニ（ガザミ） 4杯
味噌の地（割合）
- 白味噌 7
- 田舎味噌 3
- 昆布だし 適量
- ヒシガニのミソ 適量

ショウガ 適宜

1 ヒシガニをさばき、ミソを取り出しておく。カニはさっと蒸して表面にだけ火を通す。

2 白味噌と田舎味噌を、昆布だしで溶いて濃いめの味噌汁程度に味をととのえ、ヒシガニのミソも溶き混ぜる。

3 2にヒシガニを入れ、ショウガの薄切りとともに10〜15分間炊く。ヒシガニを引き上げ、煮汁だけさらに煮詰める。再度ヒシガニを浸け、冷ます。

● **保存・用途**

◎冷蔵庫で4〜5日間保存可能。

◎味噌の地ごと汁ものに。カニの身を取り出して、和えものや卵とじに。味噌の地はふろふきや田楽にも使える。

常備菜を使って

解説221頁

焼きもの
菱蟹の甲羅焼き

蟹しんじょう　百合根
酢どり茗荷

羹　菱蟹の共味噌椀

百合根　管牛蒡　水菜

蟹

かに

蟹の身の昆布締め

カニの身をゆで、軽く昆布締めにする。
そのまま食べてもおいしい身に昆布の旨みが加わり、保存性も高まる。

料理／村上 一

材料（作りやすい量）
カニの足の身　10～15本
酢　適量
昆布　2枚

1　カニの足の身をさっと酢で洗い、水気を拭き取る。
2　昆布を固く絞ったぬれ布巾で拭き、カニを挟む。軽く重石をかける。
3　40分～1時間経ったらカニを取り出す。長時間おくと、昆布が水分を吸ってカニの身がパサつくので注意する。

● **保存・用途**
◎カニの身をラップ紙で包んで、冷蔵庫で保存する。約1週間保存可能。
◎和えものや酢のもの、寿司のネタや具に。

常備菜を使って

解説221頁

蕪と柚子の蟹和え
柿と蟹和え

蛸《たこ》

蛸の柔らか煮

柔らか煮はタコの定番料理だが、冬のタコで作るのもまたおいしい。時間をかけて蒸し煮にすることで、身は柔らかく、味も充分に浸透する。

料理／平井和光・結野安雄

材料

タコの足　1・3kg

合わせ地

- だし　1・2ℓ
- 酒　180cc
- 濃口醤油　180cc
- ミリン　180cc
- 砂糖　90g

1　タコの足を切り離し、大根おろし（分量外）をまぶしてもみ、水で汚れとぬめりを洗い流す。大根で叩いて繊維をほぐしてから、さっと霜ふりをする。

2　蒸し缶にだし、酒、濃口醤油、ミリン、砂糖の合わせ地を注ぎ、タコを浸す。2時間ほど蒸し煮込みにする。煮汁に浸けて冷ます。

● 保存・用途

◎ 煮汁に浸けたまま冷蔵庫で保存する。4〜5日間保存可能。

◎ そのまま炊合せに。酢のものや八寸の中の一品に。

蛸のみぞれ和え

いくら　一寸豆翡翠煮

針ラディッシュ

常備菜を使って

解説221頁

炊合せ

小芋　南京　蛸の柔らか煮　芥子

三度豆　針柚子

鮟肝

あんきも

あん肝蒸し煮

アンコウの肝とポン酢は定番の組合せ。ポン酢の酸味がアンキモの濃厚な旨みを引き出してくれる。これをヒントに、だしで割ったポン酢でアンキモを蒸し煮にする。

料理／平井和光・結野安雄

材料
アンキモ　500g
塩　適量
蒸し汁
ポン酢醤油＊　540cc
だし　360cc

1　アンキモの薄膜をはずし、血合いや汚れなどを取り除く。塩をあててしばらくおき、水洗いする。
2　蒸し缶にアンキモを入れ、ポン酢とだしを張り、30分間ほど蒸し煮にする。
3　蒸し汁に浸けたまま冷ます。
＊　ポン酢醤油…ダイダイとユズの搾り汁各180ccに濃口醤油430cc、酒540cc、ミリン180cc、カツオ節とだし昆布各12gを合わせてねかせたもの。

●保存・用途
◎冷蔵庫で約1週間保存可能。
◎そのまま切り分けて器に盛ったり、変わり豆腐や蒸しものに。

常備菜を使って

解説222頁

あんきも蒸し煮

おろし銀あん　洗い葱　紅葉おろし

あんきも豆腐、おろしぽん酢添え

白髪葱　叩き芽紫蘇　芽葱

河豚《ふぐ》

河豚辛味噌漬け

フグの上身を味噌漬けにし、味噌の風味をのせつつ旨みを凝縮させる。淡白なフグが珍味的な存在に変身。そのまま、または軽くあぶって酒肴などに。

料理／上野修三

材料

フグ（上身）　適量
塩　少量
味噌床（割合）
- 白味噌　5
- 田舎味噌　5
- 煮きり酒　適量
- ミリン　少量

1　フグの上身に薄塩をし、一晩おいて身を締める。水気を拭き取る。

2　味噌床を作る。白味噌と田舎味噌を合わせ、煮きり酒とミリンでのばして柔らかさを調整する。

3　2の味噌床にフグを直漬けにする。2日ほどおくと水分が出てくるので、布などで吸い取る。その時に味噌をかき混ぜて漬け直す。

● 保存・用途

◎ 冷蔵庫で約1週間保存可能。時間が経つと塩辛くなるので、途中でフグを味噌床から引き上げ、ラップ紙に包んで保存するとよい。

◎ 薄切りにしてそのまま珍味としたり、やや厚めに切ったものを軽くあぶって酒肴に。

河豚辛味噌漬け薄造り

天王寺蕪添え

常備菜を使って

解説222頁

炙り河豚

百合根　焼味噌

芽葱

皮はぎ《かわはぎ》

皮はぎの風干し、肝味噌風味

寒さが厳しくなるにつれて脂がのり、肝の旨みも濃厚になるカワハギ。肝を混ぜ込んだ白味噌をからませ、風干しにすることで保存性を高めた常備菜。

料理／村上 一

材料

カワハギ　大1尾
塩　少量
味噌床
- カワハギの肝　5尾分
- 塩　適量
- 白味噌　200g

1　カワハギを水洗いして三枚におろす。皮をはがし、身に薄塩をあてておく。

2　カワハギの肝は掃除し、塩をあてて1時間ほどおく。ゆでてから裏漉しをする。白味噌にカワハギの肝を混ぜ、味噌床を作る（味噌の量は好みで加減する）。

3　カワハギの身の水気を拭き、2の味噌床を薄くぬる。2日間ほど冷蔵庫に置いて味をなじませる。その後、味噌を拭き取り、2～3時間風干しにする。

● **保存・用途**

◎1切れずつラップ紙で包み、冷蔵庫で保存。1週間ほど日持ちする。

◎適宜に切り、あぶって酒肴や和えものに。

常備菜を使って

解説222頁

炙り皮はぎ　肝風味

皮はぎと鶏のささみ

菜の花　あられ柚子

皮はぎと数の子の重ね盛り

結び京人参　三つ葉

鰤《ぶり》

塩鰤の藁《わら》づと

寒ブリに強塩をし、ワラで巻いた北陸の保存食「巻きぶり」から発想した一品。
塩でブリの生ぐさみを抑え、ワラが水分を吸って、旨みも凝縮する。

料理／村上 一

材料
ブリ 1尾
塩 適量
ワラ 適量

1 ブリを水洗いし、頭を落として、三枚におろす。腹骨をすき取り、塩がよくまわるように血合いの部分に、縦に包丁目を入れておく。

2 全体に強塩をあて、ワラでしっかりと包む。味がなじむまで冷蔵庫に入れる（ワラは余分な水分を吸い取り、防腐効果もある）。

● 保存・用途

◎冷蔵庫で1週間～10日間保存可能。

◎薄く切ってユズを搾り、酒肴に。焼きものや船場汁などにも用いる。

常備菜を使って

解説223頁

塩鰤の酒粕仕立て

聖護院大根　京水菜　一味唐辛子

焼き塩鰤

もみ海苔　大根おろし

加減酢　柚子胡椒

塩鰤のスモーク

いくらの醤油漬け　長芋

冬

赤舌鮃

あかしたびらめ

赤舌鮃煮凝り

カレイの仲間であるゼラチン質の多い赤舌ビラメを、頭や骨などのアラと蒸し煮込みに。冷やすと煮汁が煮凝りになるので、それも料理に利用する。

料理／上野修三

材料

赤舌ビラメ　1尾

だし
酒
濃口醤油
淡口醤油
｝薄味の煮つけの感覚で味をととのえる

1　赤舌ビラメの頭と尾を切り落とし、両面のヒレに沿って包丁目を入れる。身の中央にも縦に包丁目を入れ、骨付きのままぶつ切りにする。頭と尾は霜ふりしておく。

2　だし、酒、濃口醤油、淡口醤油を沸かし、煮つけ用に味をととのえる。

3　流し缶に霜ふりをした頭と尾を敷き、赤舌ビラメの身をのせる。2の地を注ぎ、紙蓋をする。煮崩れないよう、蒸し煮込みにする。

4　頭と尾を引き上げ、身は地に浸けたまま冷ます。ヒレを抜き、そのまま冷蔵庫に一晩置くと、煮凝りができる。煮汁を少量だけ冷やしてみてあまり固まらない時は、煮汁に少量のゼラチンを加えて冷やし固める。

● 保存・用途

◎冷蔵庫で4～5日間保存可能。

◎炊合せや煮つけ、小鉢に。

常備菜を使って

解説223頁

冷菜
田辺大根と赤舌鮃の煮凝り
大根の芯芽　あられ柚子

飯
赤舌鮃のさばき、煮凝り丼

冬

鯖

さば

鯖空揚げ

サバのように個性の強い青背の魚は、料理店ではなかなか使いにくい素材。ここでは塩で締めて生臭さを除き、小麦粉をまぶして揚げることで目先を変えた常備菜に。

料理／北岡三千男

材料
サバ　2尾
塩　少量
小麦粉　少量
揚げ油　適量

1　サバを水洗いし、三枚におろして上身にする。薄塩をあて、数時間おいて身を締める。水気を拭き取る。

2　サバをひと口大に切り、小麦粉をまぶす。180℃の油で揚げる。油をきって粗熱をとり、冷蔵庫で保存する。

● 保存・用途

◎ 冷蔵庫で4〜5日間保存可能。

◎ そのまま南蛮漬けや和えものに。さっとあぶって煮ものや鍋に展開してもよい。

常備菜を使って

解説223頁

鯖のりんご和え　レモン風味

独活　金時人参　胡瓜

鯖の治部煮

生麩　金時人参　水菜　生椎茸　白葱
柚子

蓮根のみぞれ風鍋

鯖空揚げ　白髪葱　軸三つ葉

鯖の梅煮
針生姜

鯖の南蛮ご飯
針柚子　軸三つ葉

一年を通じて

豆腐

湯葉

蒟蒻

卵

合鴨

牛肉

通年

豆腐《とうふ》

豆腐の味噌漬け

豆腐の水気を絞り、味噌漬けに。保存性が高まるだけでなく、旨みが凝縮し、味噌の風味も加わって濃厚な味わいに。時間が経つほど味が深まる。

料理／北岡三千男

材料

木綿豆腐　350g

味噌床

- 白味噌　300g
- 白粒味噌　700g
- 酒　200cc
- 砂糖　100g
- ミリン　100cc

1　白味噌、白粒味噌、酒、砂糖、ミリンを混ぜ合わせて味噌床を作る。

2　木綿豆腐に重石をし、水気をきる。厚さ2cmに切る。

3　豆腐をガーゼで包み、味噌床に漬け込む。2日目くらいから食べ頃になる。

● **保存・用途**

◎冷蔵庫で1週間ほど保存可能。

◎そのまま味わう以外にあぶる、揚げるなど幅広く利用できる。

常備菜を使って

解説224頁

豆腐のカナッペ

豆腐の湯葉包み揚げ
水菜　なめこ餡　柚子

通年

湯葉《ゆば》

湯葉蒸し煮

汲み上げユバを追いガツオしたコクのあるだしで蒸し煮込みにして、数日間利用できるように仕込んだ常備菜。蒸すことで緩やかに加熱するのがポイント。

料理／平井和光・結野安雄

材料

汲み上げユバ　350g

合わせ地

- だし　500cc
- 淡口醤油　36cc
- ミリン　36cc
- カツオ節　ひとつかみ

1 流し缶に汲み上げユバを重ねて入れる。

2 鍋にだし、淡口醤油、ミリンを入れて火にかけ、追いガツオをして合わせ地を作る。

3 ユバの上にラップ紙をふわっとのせ、合わせ地を注ぐ。8〜10分間ほど蒸し煮込みにする。そのまま冷まし、冷蔵庫に保存する。

● 保存・用途

◎ 冷蔵庫で3〜4日間保存可能。

◎ 切り分けて蒸しものや炊合せに。すりつぶして、しんじょうやひろうすにも。

蒸しもの　蟹あんかけ
湯葉蒸し煮　銀杏
木耳　舞茸
おろし生姜

常備菜を使って

解説224頁

湯葉蒸し煮
雲丹　針海苔
山葵　共地あん

炊合せ
湯葉入りひろうす
海老芋　ミニ青梗菜　芥子

通年

蒟蒻《こんにゃく》

こんにゃくの旨煮

お惣菜など身近な素材であるコンニャクは、下ごしらえをていねいにし、しっかりと煮て保存する。赤い近江のコンニャクを用いれば、料理に彩りが欲しい時に重宝する。

料理／平井和光・結野安雄

材料
近江コンニャク＊ 3丁
煮汁
だし 900cc
砂糖 50g
酒 200cc
濃口醤油 80cc
ミリン 50cc

1 コンニャクを下ゆでし、水にさらしてアクや石灰臭を抜く。大きめに切り分ける。

2 鍋にだしとコンニャクを入れ、砂糖と酒も加えて煮る。途中で濃口醤油、ミリンで味をつけ、しっかりと煮含める。地浸けしたまま冷まし、保存する。

＊近江コンニャク…三二酸化鉄で色をつけた近江地方特産のコンニャク。味は普通のコンニャクと変わらない。

● 保存・用途

◎地浸けしたまま冷蔵庫で1週間保存可能。

◎煮もの、炊合せの一品に。揚げものにも。

常備菜を使って

解説225頁

こんにゃく牛肉巻き

焼き茄子　金時草
セルフイユ　レモン

こんにゃくクラッカー揚げ

チーズ　大葉紫蘇
青唐辛子　ライム

通年

卵

たまご

半熟卵醤油漬け

殻をむいた半熟卵を、丸ごとだし醤油に漬ける。
日数が経つにつれて卵黄の水分が抜けてとろりと固まり、旨みを増す。

料理／村上 一

材料（作りやすい量）

卵 15〜20個

漬け汁（割合）

- だし 4
- ミリン 2
- 濃口醤油 1

1 半熟卵を作る。卵を常温にもどし、60〜70℃に保った湯の中に入れて20〜25分間加熱する。水に落とし、殻をむく。

2 だし、ミリン、濃口醤油を合わせ、漬け汁を作る。卵を入れ、全体が浸かるように紙蓋をする。

3 2日ほどで味がしみ、食べ頃になる。甘めに仕上げたい場合は、漬け汁に砂糖かハチミツを加えるとよい。

● **保存・用途**

◎ 卵を漬けたまま冷蔵庫で約1週間。

◎ そのまま半分に切って先付や箸休めに。麺類に添えたり八寸にも。

常備菜を使って

解説225頁

半熟卵醤油漬け

叩きおくら

にゅう麺

半熟卵醤油漬け

焼き穴子　車海老

軸三つ葉

通年

合鴨《あいがも》

鴨ロースの煮込み

合鴨のロース煮込みは日本料理の定番肉料理。蒸し煮込みにすることで、肉は柔らかくジューシーになり、コクのある旨みはしっかり保たれる。

料理／北岡三千男

材料

鴨のロース肉　2枚（400g）

煮汁

- だし　300cc
- 酒　400cc
- 砂糖　大さじ1
- ミリン　200cc
- 濃口醤油　60cc
- たまり醤油　30cc

1 鴨のロース肉は、余分な脂分を切り落とし、脂に格子に切り込みを入れる。フライパンに油を引かずに入れ、表面を焼き固める。

2 だし、酒、砂糖、ミリン、濃口醤油、たまり醤油を煮立てる。鴨肉と合わせ、10分間ほど蒸し煮込みにする（途中で上下を返す）。

3 いったん鴨肉を引き上げ、煮汁を煮詰める。鴨肉と煮汁を合わせ、そのまま冷まして味をなじませる。

● **保存・用途**

◎ 鴨肉は煮汁から引き上げ、冷蔵庫で約1週間保存可能。

◎ 切ってそのまま焼きもの替わりや進肴に。タレを工夫することで変化も出せる。

常備菜を使って

解説225頁

鴨ロースの葉山葵巻き

すだち

鴨ロースの焼き葱あん

茗荷

合鴨麦煮《ばくに》

「麦煮」は鶏姥《けめ》と呼ぶひねた雌鶏を麦と一緒に煮る古い調理法。穀類が素材を柔らかくし、ほのかな甘みやとろみが加わるため、歯ごたえがしっかりした肉を煮る時に用いる。

料理／上野修三

材料

合鴨骨付きモモ肉　6本
塩　適量
玉水（割合）
　酒　1
　水　1
押し麦　約1合

1　合鴨の骨付きモモ肉に塩を強めにあてて、一晩おいて身を締める。塩を洗い流す。
2　鍋に玉水と押し麦、合鴨のモモ肉を入れて、弱火で4～5時間煮る。そのまま冷ます。
3　冷蔵庫に入れると表面に脂が固まり、それが蓋の役目をして密閉されるため日持ちする。脂の下には、押し麦によってとろみがついた煮汁がたまる。料理に使う際は、表面の脂をすくって肉と煮汁を取り出す。

● **保存・用途**

◎脂に漬けたまま冷蔵庫で約1週間保存可能。
◎肉はサラダや和えものに。煮汁は押し麦と一緒にスープのベースにしたり、煮汁に白味噌を溶き入れて、クリーム風の煮ものにも。

鴨と胡瓜、花茗荷の芥子酢和え

防風

常備菜を使って

解説226頁

鴨と蕃茄《ばんか》の煮もの

絹さや　イタリアンパセリ

通年

牛肉《ぎゅうにく》

牛肉のたたき風

塊の牛肉に焼き目をつけてから、甘辛い地でゆっくりと加熱。中心がロゼの状態の「たたき風」に仕上げる。急に肉の注文が入った時にも重宝し、喜ばれる一品。

料理／平井和光・結野安雄

材料

牛肉（サーロイン）　1kg
塩、コショウ　各適量
合わせ地
　酒　200cc
　濃口醤油　20cc
　ミリン　20cc

1　塊の牛肉に塩、コショウをする。フライパンに少量の油（材料外）を引き、牛肉を入れて表面を焼き固める。

2　鍋に酒、濃口醤油、ミリンを入れてひと煮立ちさせ、合わせ地を作る。

3　真空調理用の袋に牛肉と合わせ地を入れ、80℃で25分間加熱する。中心はロゼの状態に仕上げる（真空調理の代わりに湯煎で行なってもよい。その際は同じ温度・時間に調整する）。合わせ地に浸けたまま冷まし、冷蔵庫に入れる。3～4日経つと味がなじみ、まろやかになる。

● **保存・用途**

◎ 味がなじんでから3～4日間は冷蔵庫で保存できる。

◎ そのまま切って煮汁をかけ、サラダや進肴として提供する。

牛肉のたたき風

胡瓜　茗荷　セロリ
セルフイユ　レモン　芥子

常備菜を使って

解説226頁

牛肉の三彩巻き　すだち

胡瓜　セロリ　茗荷　山葵　粉醤油
焼き松茸　おろし大根　ぽん酢　葱
エシャロット　スナックエンドウ　諸味

乾物を使って常備菜

干しぜんまい　干し椎茸　黒豆　うずら豆　あらめ　干しわかめ

棒だら　身欠きにしん　するめ　干し海老　干し貝柱

干しぜんまい

干しゼンマイには、ゆでて天日乾燥をした「赤干し」と、直接火にかけて急速乾燥させた「青干し」があり、赤干しは何度も手のひらで転がすように揉み、3日間ほどかけて乾かしている。関西では青干しの中でも松葉で燻し、乾燥させたものが好まれる。干しゼンマイの主な産地は東北地方と四国の山間部だが、天然ものは減り、安い中国産や栽培ものが多くなっている。

《もどし方》

水で汚れを洗い流した干しゼンマイを熱湯に浸け、そのまま室温で冷まして6～7時間おく。水を捨て、同じ作業を繰り返しながら2日間かけてもどす。浸けたまま冷ますことでゼンマイはふっくらとし、苦みも取れる。

右が赤干し、左が青干し。

2日間かけてもどした状態(右が赤干し、左が青干し)。

乾物を使って常備菜

ぜんまいの醤油炊き

調理／村上 一

材料

ゼンマイ（もどしたもの）　500g

煮汁

- だし　1.5ℓ
- 煮きり酒　300cc
- 砂糖　65～90g
- 淡口醤油　150cc
- 濃口醤油　150cc

鯛の骨　1尾分

1 柔らかくもどしたゼンマイを束にして、軸のほうを縛る。

2 鍋にだしを張り、煮きり酒、砂糖、淡口醤油、濃口醤油で調味する。ゼンマイを入れ、3時間ほどかけて煮含める。この時、鯛の骨を焼いて布で包み、一緒に入れて炊くと旨みが深まる。

3 軸の固い部分を切り落として使う。

● **保存・用途**

◎冷蔵庫で4～5日間保存可能。

◎小鉢に盛って先付や八寸の一品に。和えものや季節のご飯にも。

常備菜を使って

解説227頁

ぜんまいの炊いたん

ぜんまいと百合根の白和え
おくらとろろ

ぜんまいと白魚の玉締め
独活　木の芽

干し椎茸

椎《しい》や樫《かし》などの広葉樹の枯れ木に発生するキノコ。天然ものは少なく、ほとんどがクヌギやコナラなどに菌を植え込んだ「ほだ木栽培」で生産される。天日あるいは人工的に乾燥させた干しシイタケは、生よりも香りと旨みが濃厚で、昆布のグルタミン酸、カツオ節のイノシン酸と並んで三大うま味成分といわれるグアニル酸を多く含む。冬菇(どんこ)シイタケは冬から春先に採れ、小型で丸く肉厚。カサが5~6分開いている。中でも白い亀裂がある天白冬菇は最高級品。一方、香信(こうしん)シイタケは晩秋と秋に採れ、カサが8分ほど開き、薄いものをいう。両者の中間のものを香菇(こうこ)と呼ぶ。

《もどし方》

カサの裏側のひだについたほこりや汚れを歯ブラシで落とし、全体を洗い流す。たっぷりの冷水に入れ、冷蔵庫で一昼夜かけてゆっくりもどすと、約1・6倍に膨張。低温でゆっくりもどすことで、うま味成分が引き出され、いっそうおいしくなる。もどし汁は布漉しし、煮ものや吸いもののだしとして使う。

乾物を使って常備菜

干し椎茸の床漬け

調理/村上 一

右が冬菇(どんこ)、左が香信(こうしん)と呼ばれるもの。

右が冬菇を、左が香信をもどしたもの。

材料

干しシイタケ(もどしたもの) 500g

煮汁
- シイタケのもどし汁 1350cc
- 酒 150cc
- 濃口醤油 150cc
- 砂糖 75g
- ミリン 150cc

漬け床(割合)
- 白味噌 2
- 酒粕 8
- 煮きり酒 適量

1 もどした干しシイタケの石突きと軸を切り落とす。

2 もどし汁をペーパータオルで漉して、酒、濃口醤油、砂糖、ミリンを加えて調味する。この地で1のシイタケを薄味に煮含める。

3 漬け床を作る。白味噌と酒粕を混ぜ合わせ、煮きり酒で適度にのばす。

4 シイタケを絞って地をしっかりきり、床に漬ける。冷蔵庫に入れ、2日後くらいから食べ頃になる。

● **保存・用途**

◎ 冷蔵庫で10日間ほど保存可能。

◎ そのまま酒肴に。細く切って和えもの、煮ものにも。

常備菜を使って

解説227頁

椎茸の豆腐よう和え

椎茸の和えもの
胡瓜　秋茄子　胡麻

巻椎茸　車海老
絹さや

鮑の柔らか煮
菊菜の浸し
椎茸の細切り

黒豆

大豆の皮の色には黄、黄白、緑、茶、黒などがあり、このうち黒い大豆を「黒豆」と呼ぶ。正月料理に欠かせない乾物だ。とくに京都・丹波産のものが大粒でシワがなく、煮炊きしても崩れにくいので、最上品と言われている。

《もどし方》

黒豆を還元鉄または古クギ（色やツヤを鮮やかにするために使用）、塩、炭酸とともに一晩水に浸けておく。翌日、そのまま強火にかけ、豆が踊り出す手前で火を弱め、時々アクを引きながら煮続ける。蒸発したぶんだけ湯を足しながら、豆が柔らかくなるまでゆでる。柔らかくなったら細くたらした流水にさらし、少しずつ冷ます。

黒豆。ここでは丹波産を使用。

還元鉄を入れた水に一晩浸けた黒豆。

乾物を使って常備菜

黒豆田舎煮

調理／平井和光・結野安雄

材料

黒豆（もどしたもの）　500g

煮汁
- だし　1440cc
- 濃口醤油　180cc
- 酒　360cc
- ミリン　180cc
- 砂糖　100g

1 だしに濃口醤油、酒、ミリン、砂糖を加えて味をととのえる。

2 もどした黒豆をバットに入れる。1の地を注ぎ、落し蓋をして約2時間蒸し煮にする。そのまま冷まして味を含ませる。

● **保存・用途**

◎冷蔵庫で約1週間保存可能。

◎蜜煮にしないため、用途が幅広い。小鉢に盛って先付にしたり、炊合せや点心にも盛り込める。

常備菜を使って

解説227頁

黒豆豆腐
山葵　セルフイユ
割り醤油

吹き寄せ風炊合せ
穴子黄身揚げ煮　黒豆
栗田舎煮　海老芋白煮
紅葉麩　絹さや
木の芽

うずら豆

ウズラ豆はインゲンマメの一種。

薄いベージュの地に茶色の斑点模様がついた様子がウズラの卵にそっくりなので、「ウズラ豆」と呼ばれるが、この模様は加熱すると消えてしまう。ほのかな甘みを持ち、甘納豆の材料にもなる。ウズラ豆は皮が柔らかく、長期間保存すると乾燥しすぎてふっくらもどらなかったり、シワが寄ったりする。また、乾燥時の水分の含有量にもムラがあるため、おいしく食べられる期間が、豆を採取し乾燥させてから2～3カ月後――つまり12月から翌5月までと短い。とくに、梅雨を越すと劣化が激しいので注意する。

《もどし方》

ウズラ豆の汚れやホコリを洗い流し、たっぷりの水に半日ほど浸ける。

ウズラの卵に似た模様を持つウズラ豆（乾物）。

乾物を使って常備菜

鶉豆と守口大根の当座煮

調理／上野修三

材料

ウズラ豆（もどしたもの）　800g
干し守口大根＊　10本
煮汁（割合）
水　1・5ℓ
昆布　2枚（20㎝角）
干し貝柱10個分のもどし汁　適量
淡口醤油　150cc
酒、ミリン、砂糖　各適量

1　鍋に水、昆布、干し貝柱のもどし汁を入れ、火にかける。沸いたらもどしたウズラ豆を加え、豆が踊らないように静かに炊く。

2　豆が柔らかくなったら淡口醤油、酒、ミリン、砂糖で味をつける。

3　干し守口大根も水に浸けてもどし、その地で柔らかく炊く。ウズラ豆と同じ地で炊いた後、ウズラ豆の鍋に移し、一緒に炊く。

＊守口大根…中部地方で作られる漬けもの用の細長い大根。ここでは乾燥品を使用。

● **保存・用途**

◎冷蔵庫で4～5日間保存可能。
◎煮もののほか、箸休めや小鉢ものに。

常備菜を使って

解説228頁

守口大根の豆餡かけ

炊合せ
当座煮
烏賊と人参の葛煮
絹さや豌豆　針柚子

あらめ

アラメは多年草の渇藻類で、昆布に似た薄い海藻。宮城県以南の岩場で育ち、50～150cmに成長する。三重県の伊勢志摩が主産地で、7～8月の暑い時期に刈り取る。柔らかな葉の部分だけを天日干しにし、いったんゆでてから裁断、乾燥させる。植物繊維、ヨードやカルシウム、鉄分などが豊富で、健康食品としても注目されている。さまざまな長さや幅の製品があり、好みで使い分ける。

《もどし方》

汚れをさっと洗い流し、ぬるま湯に浸けてもどす。大阪の商家ではアラメを「メイ」と呼び、「芽が出る」という縁起を担いで八のつく日にアラメを食べ、もどし汁は玄関にまいて繁盛を祈る習慣があった。京都にも同じような習慣がある。

アラメ。ヒジキに似るが、昆布の仲間。

水に浸けてもどしたところ。数時間でもどる。

乾物を使って常備菜

荒《あら》布《め》と大豆の煎り煮

調理／上野修三

材料

アラメ（もどしたもの）　300g
大豆（もどしたもの）　500g
コンニャク　1/2丁
ニンジン　1/2本
煮汁
　アラメと大豆のもどし汁　各適量
　砂糖　50g
　淡口醤油　35cc
　酒　100cc
　濃口醤油　35cc
昆布　3枚（20cm角）
カツオ節　適量

1　柔らかくもどしたアラメを細かくきざみ、油（材料外）で炒める。

2　水に浸けてもどした大豆を、その浸け汁で柔らかくゆでる。コンニャクを小角に切り、さっとゆがいてアクをとる。ニンジンも小角に切る。

3　アラメ、大豆、コンニャク、ニンジンを鍋に入れ、アラメのもどし汁と大豆のゆで汁を同量ずつひたひたに加え、淡口醤油、濃口醤油、砂糖、酒で調味する。差し昆布をし、ペーパータオルをのせ、その上にカツオ節をのせて煮含める。

●保存・用途

◎冷蔵庫で3～4日間保存可能。
◎和えものや、少量を盛って箸休めに。

荒布と大豆の煎り煮白和え
枝豆

常備菜を使って

解説228頁

炊合せ
荒布と大豆の煎り煮信田巻
枝豆の餡　ふり柚子
石川小芋八方煮
ささげ

干しわかめ

ワカメは褐藻類の一年生の海藻。天然ものは日本各地の沿岸に生育し、1mぐらいまで成長する。冬から春にかけて盛んに育つが、夏には涸《か》れる。昔から徳島県鳴門では養殖がさかんで、灰干しワカメが有名。これは最盛期のワカメを刈り、クヌギなどの灰をまぶして3日間ほど天日干しにし、水洗い後に再び天日に干して仕上げたもの。灰のアルカリ成分が腐敗を防ぎ、緑色を保護するといわれるが、近年環境問題などで激減、最近は塩蔵品が主流になった。これは、ワカメを海水や塩水で湯通しして、塩をまぶし、冷凍保存したものが多い。茎の部分を乾燥させた茎ワカメやめかぶの乾燥品もある。

《もどし方》

干しワカメをたっぷりの水に浸ける。5〜10分間で約10倍にふくらむので、軸や根に近い固い部分を取り除き、調理する。

乾物を使って常備菜

若布《わかめ》の地浸け

調理／北岡三千男

ワカメの乾燥品。

水に浸けてもどしたもの。

材料

ワカメ(もどしたもの) 300g

浸け地
- だし 600cc
- 淡口醤油 大さじ2
- 煮きり酒 大さじ1
- 塩 少量

1 もどしたワカメは、軸などの固い部分を取り除き、食べやすい大きさに切る。熱湯にさっと通して色出しし、おか上げして冷ます。

2 だし、淡口醤油、煮きり酒、少量の塩を火にかけ、浸け地を作る。地を冷まし、ワカメを浸ける。数時間で食べられる。

● **保存・用途**

◎ 地に浸けたまま冷蔵庫で3〜4日間保存可能。

◎ 炊合せの中の一品に。流しものや吸いものの具に。

若布と白魚の卵寄せ

吉野餡　木の芽

若竹サラダ

ブロッコリー
木の芽　酢油

常備菜を使って

解説229頁

炊合せ

筍　若布　鰊
木の芽

揚げ若竹

木の芽餡

棒だら

北海道の近海で獲れる真ダラを乾燥させたものが「棒ダラ」。尾をつけたまま三枚におろし、頭からぶら下げ、寒風にさらしてカチカチに干し上げる。生のタラが日持ちしないため、保存食として作られた。しかし、乾燥させることで生まれた棒ダラの独特の風味が珍重され、とくに関西地方ではさまざまな料理に仕立てられている。

《もどし方》

水または米のとぎ汁に1週間ほど浸けてもどす。腐敗しやすいので、冷暗所に置き、水は毎日替えること。もどったらきれいに水洗いし、腹の黒い膜や筋、血の汚れなど臭みの原因になるものをていねいに取り除く。適宜に切り、多めの水で一度ゆでて、水にさらしてから用いる。

乾物の棒ダラ。カチカチに固く干してある。

水を替えながら1週間かけてもどした棒ダラ。

乾物を使って常備菜

棒だらの煮もの

調理／平井和光・結野安雄

材料

棒ダラ（もどしたもの）　2・5kg

煮汁
- 水　10ℓ
- 酒　2ℓ
- 昆布　1枚
- 砂糖　450g
- 淡口醤油　900cc

1 水でもどした棒ダラの、残っている骨や筋を取り除いて掃除をする。4cm角に切り分け、立方体になるよう数枚重ね、竹の皮で十文字に縛る。切れ端も無駄にしないよう、腹身などの薄い部分に包んで巻く。

2 水と酒を鍋に注ぎ、棒ダラを入れて昆布をかぶせる（昆布蓋をする）。弱火でまず2〜3時間ほど、タラが柔らかくなるまで炊く。

3 地が少なくなったら酒を足す。アクを取りながら、砂糖と淡口醤油で味をつけ、10時間ほど煮る。そのまま冷ます。

● 保存・用途

◎ 冷蔵庫で約1週間保存可能。

◎ おせち料理をはじめ炊合せ、八寸に。

常備菜を使って

解説229頁

海老芋と棒だらの炊合せ

菜の花　柚子

炊合せ

棒だら　松竹梅　蕗

身欠きにしん

身欠きニシンの作り方は、卵（カズノコ）を取り出したニシンのエラと内臓を取り、4〜6尾ずつ口腔に串を通し、洗って水分をある程度とばす。それを三枚か二枚におろして頭と腹を落とし、尾をつないで乾燥室で1か月ほど乾燥・熟成（納屋がけ）させるというもの。ニシンは脂が多いため乾燥しにくいが、それが旨みにつながるという。乾き具合によって「本干し」、「七分干し」、「ソフト」がある。江戸時代に、ニシンの大漁に沸く蝦夷《えぞ》（北海道）から関西に船で運ばれたため、関西でニシン料理が発展したという。

《もどし方》

「本干し」のもどし方は、米のとぎ汁に1〜2日間浸け、柔らかくなったらウロコや腹骨、血合い骨を取り除き、流水にさらす。「ソフト」は基本的にもどす必要はないが、掃除し、固ければ本干しと同様に米のとぎ汁でゆでる。

乾物を使って常備菜

鰊と大豆の煮もの

調理／平井和光・結野安雄

本干しのニシン。水や米のとぎ汁でゆっくりもどす。

ソフトは生干しともいわれ、基本的にもどす作業は不要。

もどした本干しのニシン。もどしたものはすぐに使う。

材料

ニシン（もどしたもの）　6尾分
大豆（もどしたもの）　1kg
煮汁
- 水　7.2ℓ
- 酒　1.8ℓ
- 淡口醤油　80cc
- 塩　少量
- 砂糖　150g
- ミリン　50cc
- 昆布　50g

1　鍋に水と酒を注ぎ、もどしたニシンと大豆を入れる。差し昆布をし、弱火で5時間ほどゆっくりと煮る。

2　大豆が柔らかくなったら淡口醤油、塩、砂糖、ミリンで味をととのえ、味がしみ込むまで煮含める。そのまま冷ます。

● **保存・用途**

◎ 煮汁ごと冷蔵庫で保存する。薄味に仕立てるが、時間をかけて加熱するため日持ちがよく、4〜5日間は利用できる。

◎ 煮ものやご飯のおともに。ニシンと大豆を別の料理に使ってもよい。

常備菜を使って

解説230頁

炊合せ

鰊　大豆　昆布

鰊と大豆の煮もの

茄子

するめ

スルメの原料はヤリイカ、剣先イカ、スルメイカなど。身を開いて内臓や眼球を取り除き、足と一緒に縮まないように竹串などを刺して広げ、天日干しや機械乾燥で仕上げる。乾燥によって水分量は20％程度に減るが、甘みが増す。長期保存に向き、そのまま焼いて酒の肴にするほか、水でもどし、もどし汁とともに煮ものなどにする。表面に浮いている白い粉は、タウリンを含むアミノ酸で、ここにも旨みが含まれる。

《もどし方》

スルメを水かぬるま湯に浸け、柔らかくなるまでおく。好みで昆布を一緒に入れてもよい。急ぐ場合は重曹を少量入れると数時間で柔らかくもどるが、使う前によく洗うこと。

剣先イカのスルメ。

昆布を入れた水に浸け、もどしたもの。

乾物を使って常備菜

巻きするめ

調理／北岡三千男

材料

スルメ　5枚

もどし汁（割合）
- 酒　1
- 水　1
- 昆布　適量

煮汁（割合）
- もどし汁　15
- 濃口醤油　1
- たまり醤油　0・3
- ミリン　1
- 砂糖　少量

1　剣先イカのスルメを使用。酒と水を同割で合わせたもどし汁に昆布を差し込み、スルメを半日ほど浸ける。

2　胴の先端を切り落とし、足を切り落とす。胴の上に足を置き、くるくると強く巻き込んでタコ糸で縛る。

3　スルメのもどし汁を、スルメがひたひたになるくらい使用する。濃口醤油、たまり醤油、ミリン、砂糖で味をつけ、落とし蓋をしてスルメを2時間ほど煮る。そのまま冷ます。

● **保存・用途**

◎冷蔵庫で約2週間保存可能。

◎輪切りにして炊合せや八寸の一品に。炊き込みご飯や飯蒸しにも。

常備菜を使って

解説230頁

飯蒸し

巻きするめ　枝豆

乾物の炊合せ

巻きするめ　高野豆腐
椎茸　三度豆
木の芽

干し海老

干しエビには、殻がついたものと、殻を取ったものがある。ここで使ったのは、中国料理でよく使われる殻を除いた干しエビ。原料は芝エビの類が多く、塩水で煮て、殻を取ってから干す煮干しと、素干しにするものがある。乾燥によってエビの甘みと旨みが凝縮し、カルシウムやミネラルも豊富に含む。

《もどし方》

通常は一晩水に浸けるが、急ぐ場合はひたひたのぬるま湯に30分以上浸ければすぐに使える。また、水につけたまま電子レンジにかけるとすぐに柔らかくなるが、時間をかけてもどしたほうが、エビ独特の旨みや甘みが水に自然に溶け出して、いいだしがとれる。

干しエビ。一味違うだしがとれるので重宝する。

もどしたエビ。もどし汁もだしとして使用する。

乾物を使って常備菜

海老粉

調理／北岡三千男

材料

干しエビ　適量

1 干しエビをそのままフードプロセッサーにかけて、粉末状にする。すり鉢でよくすると、よりきめ細かいものができる。

● 保存・用途

◎ 密閉容器などに入れて乾燥を防ぎ、冷蔵庫で数カ月間保存可能。

◎ 素材に下味をつける際に、調味料に海老粉を加えて風味をプラスする。和えものや揚げものの衣に混ぜるなど、隠し味として幅広く利用可能。また、海老粉に塩を混ぜれば、天ぷら用の塩やふりかけになる。

常備菜を使って

解説230頁

海老粉入り卵豆腐

にぎり銀杏海老粉揚げ
すだち　大徳寺納豆

野菜天
秋茄子　茗荷　蓮根
万願寺唐辛子　春菊
海老塩

干し貝柱

もともとは干貝（ガンベイ）と呼ばれる中国料理に欠かせない素材。北海道と青森が主産地で、北海道産は香港でも人気が高い。新鮮な貝柱を塩水でゆで、乾燥させて作る。良質なものは1カ月ほどかけて天日干しにする。形が崩れておらず、大きくて香りがあり、艶のあるべっこう色をした新物がよい。ただし、姿のまま使わないならば、ほぐれたもののほうが、価格が手ごろでお値打ち。ホタテ貝は夏になると活発に動いて貝柱も大きく、うま味成分も豊かになるため、夏のものがよいとされる。

《もどし方》

酒と水を同割で合わせた地に浸けて、一晩かけてもどす。急ぐ場合は、30分間ほど地に浸けてから、そのまま30分～1時間ほど蒸してもよい。もどし汁には旨みがたっぷり溶け出しているので、だしやスープとして使う。

乾物を使って常備菜

干し帆立山椒煮

調理／上野修三

丸のままは高価なので、ほぐしたものも上手に利用したい。

酒と水に浸けてもどしたもの。

材料

干し貝柱　200g
もどし汁
- 水　450cc
- 酒　450cc

ミリン　少量
淡口醤油　少量
梅干し（白漬け）　2粒
有馬山椒　適量

1 貝柱を水と酒に一晩浸けてもどす。水気をきり、繊維に沿ってほぐす。

2 貝柱のもどし汁の味をみて、塩分が強いようなら、酒か水を加えて味を調整する。ミリンと淡口醤油を加え、味をととのえる（調味料の量は、もどし汁の塩加減をみて調整する）。

3 2の地にほぐした貝柱、白漬けの梅干し（塩だけで漬けた梅）、有馬山椒を入れ、汁気がなくなるまで炊く。

保存・用途

◎冷蔵庫で1週間保存可能。

◎そのまま少量を器にとって珍味として提供。お粥やご飯に添えたり、和えものにも。

常備菜を使って

解説230頁

干し帆立ご飯
人参　枝豆

酒肴三点盛り
里芋帆立味噌焼　粒山椒
さつま芋の醤油煮
酢どり茗荷

ご飯のおとも

食事を締めくくる白いご飯と味噌汁。ほっとするこの場面に、漬けものと一緒に何かおいしいおかずがさり気なく出てきたら嬉しいものだ。ちりめんじゃこや昆布を炊いたもの、お茶漬けイワシ、牛肉のしぐれ煮……おなじみの一品でも、きちんと手をかけたものはお客の心にしっかり残る。「おとも」とはいえ、手の抜けない仕事である。

ここでは、実際に店で定番となっているものをはじめ、料理屋の「ご飯のおとも」にふさわしいおかずを、それぞれ紹介してもらった。こうしたおかずはしっかりめの味で、まとめて作っておけば長期間保存できるものがほとんど。あらためて手を加える必要がなく、そのままさっと提供できるので重宝する。

どんこ山椒煮

1　小粒のどんこシイタケを使う。ぬるま湯に浸けてもどす。

2　もどし汁を布で漉し、砂糖、ミリン、淡口醤油、濃口醤油で味をつける。この地とシイタケを合わせ、粒山椒を入れて佃煮風に炊き上げる。

（北岡三千男）

筍の山椒煮

1　生のタケノコを厚さ約4㎜の食べやすい大きさに切る。水にさらしてアクを抜く。しばらく放置して乾かす。

2　酒、濃口醤油、たまり醤油、砂糖、ミリンの地にタケノコを入れて煮しめる。

3　仕上げに粒山椒を加え、煎った粉ガツオをまぶす。木の芽を添えて提供する。

＊　歯ごたえを残したいので炊きすぎないこと。レンコンを乱切りにし、同じように炊いてもよい。

（平井和光・結野安雄）

蕗の葉の醤油炊き

1　フキの葉を適宜にきざむ。ゆでては水にさらす作業を2～3回繰り返し、苦みを適度に抜く。

2　水、酒、濃口醤油、少量のミリンでフキの葉をゆっくりと炊く。煮汁が少なくなったら煎り上げるようにして仕上げる。

＊　フキの茎を使った後の、葉の利用法。葉はえぐみが強いので、何回かゆでこぼす必要がある。

（村上一）

こんにゃくの粉がつおまぶし

１ コンニャク（写真は近江コンニャクを使用）を下ゆでし、水にさらす。食べやすい大きさに切り分ける。

２ 鍋にだしとコンニャクを入れ、砂糖と酒を加えて煮る。濃口醤油、ミリンで味をつけ、しっかりと煮含めてそのまま冷ます。香ばしく煎った粉ガツオをまぶす。

＊ １５６頁「こんにゃくの旨煮」のアレンジ。

（平井和光・結野安雄）

海苔、とろろ梅

１ 梅干しを薄い塩水に浸け、塩分を適度に抜く。裏漉しをする。

２ ヤマイモをすりおろし、１の梅肉ともみノリを混ぜ合わせる。

＊ ご飯にかけて食べていただく。

（村上 一）

ちりめん山椒

１ 酒２ℓ、濃口醤油５００cc、塩１１０g（ジャコの塩気をみて加減する）を合わせた地に味噌漬けの粒山椒２５０gを入れ、弱火で炊き、山椒をザルにあける。

２ １の地にチリメンジャコ１kgを入れて炊き、地が煮詰まってきたらジャコを引き上げ、煮汁を少し煮詰める。

３ ジャコと山椒を戻し、煮汁をからめるように炊き上げる。

４ ジャコを大きな平ザルにあげ、２日間風干しにする。

＊ 触感はさらさらとしているが、噛むとしっとりとした風味が得られる。

（上野修三）

梅ちりめん

1　チリメンジャコを酒、少量の淡口醤油、ミリンを合わせた地に入れ、細かくきざんだ梅干しも加えて、弱火で地がなくなるまで炊く。

＊　醤油を入れすぎず、チリメンジャコと梅干しの塩分で白く炊き上げるのがポイント。

（北岡三千男）

じゃこ梅

1　チリメンジャコ300gをゴマ油でさっと炒める。

2　酒400cc、濃口醤油50cc、ミリン200ccの地でチリメンジャコを炊く。途中で粗く刃叩きした梅干し50gを加え、からめるように煮上げる。

3　提供時に、針打ちした大葉ジソを添える。

＊　ゴマ油の香ばしい風味がポイント。

（平井和光・結野安雄）

かえりちりめん梅わさび

1　かえりチリメン（いりこに育つ前の、大きめのチリメン）ときざんだ梅干し、粉ガツオを好みの割合で混ぜる。

2　提供時に、すりおろしたワサビを混ぜる。

＊　かえりチリメンのしっかりした旨みがポイント。梅干しの塩気が強い時は、水に浸けて塩気を適度に抜いてから使う。

（村上一）

昆布するめ

1 酒と水を同量で合わせた地に、スルメの胴の部分を浸けてもどす。せん切りにする。

2 昆布も酒と水を合わせた地でもどし、せん切りにする。

3 スルメと昆布のもどし汁を合わせ、淡口醤油、ミリン、少量の砂糖で味をつける。スルメと昆布を入れてゆっくり炊き上げる。

＊ だしをとった後の昆布を使っても、スルメの旨みでおいしく仕上がる。

（上野修三）

牡蠣と水前寺海苔の辛煮

1 カキのむき身に大根おろしをまぶし、汚れを落とす。水で洗い、水気をきり、酒煎りにする。

2 乾燥の水前寺ノリをぬるま湯に浸けてもどす。せん切りにして、酒と淡口醤油の地で煮含める。途中でカキを入れ、地をからめるように炊き上げる。

＊ 126頁「カキの酒煎り」のアレンジ。

（北岡三千男）

お茶漬け鰯

1 イワシの頭を落とし、内臓を抜き取る。水洗いをし、水気を拭き取って2〜3㎝の筒切りにする。

2 イワシを鍋に並べ、水と酢を2対1で合わせた地をたっぷり張る。煮汁がなくなり、骨が柔らかくなるまで炊く。酒、濃口醤油、たまり醤油、砂糖、せん切りのショウガをひたひたに入れ、煮詰める。

3 イワシを引き上げて常温におく。表面が乾いてくると皮の部分が黄色に光ってくる。

＊ イワシは15〜20㎝の大ぶりのものが、脂がのって旨みがあり、煮た時の姿もよい。しっとりとした触感が持ち味。

（平井和光・結野安雄）

鰯の揚げ煮

1　小さめのイワシの頭を切り落とし、手開きにして骨を取り除く。縦に半分に切って水洗いする。水気を拭き、全体に片栗粉をまぶし、中温の油で香ばしく揚げる。

2　酒、ミリン、砂糖、濃口醤油を合わせた地に、揚げたイワシと針ショウガを入れてさっと炊く。

3　イワシだけを引き上げ、地を煮詰める。地にとろみがついたらイワシを戻し、からめて仕上げる。

＊　102頁「イワシの空揚げ」のアレンジ。

（北岡三千男）

秋刀魚けしの実まぶし

1　サンマの頭を切り落とし、腹を割って内臓を取り出す。水で洗い、水気を拭き取る。

2　サンマを適宜に筒切りにする。水に酢を入れた地で下ゆでし、おか上げする。

3　鍋にサンマを並べ、酒、濃口醤油、酢を合わせた地をひたひたに注ぐ。輪切りのショウガを加え、地がなくなるまで弱火で炊く。仕上げにケシの実をまぶす。

（北岡三千男）

塩鯖醤油炊き

1　塩サバ（サバの塩蔵品。小ぶりのものを使用）の頭を落とし、ひと口大に切る。塩が残っている場合は洗い流し、水気をよく拭き取る

2　鍋に塩サバを入れ、酒、酢、ミリン、濃口醤油を加える。弱火で約3時間炊く。

＊　骨が箸でほろほろとくずれるまで炊くことがポイント。

（北岡三千男）

鯛みそ

1 鯛のアラを霜ふりし、骨から身を取ってほぐしておく。
2 鍋に白味噌と赤味噌、砂糖、酒、卵黄を入れてよく溶き混ぜる。ここに鯛の身を加え、中火から弱火でゆっくりと練るように煮る。
＊ 鯛のアラ以外に、造りに使った残りや切れ端などを利用する。鯛を味噌の量以上に入れるといっそうおいしくなる。

（北岡三千男）

牛肉のしぐれ煮

1 牛肉のミスジ（肩甲骨の内側）部分の肉などを、適宜の大きさに切る。
2 鍋に酒、ミリン、濃口醤油を入れ、佃煮の感覚で牛肉とショウガの細切りを入れて炊き上げる。
＊ ミスジのように、適度に脂がある部位で作るほうがおいしい。

（北岡三千男）

鴨のそぼろ

1 鴨の胸肉の挽き肉を熱湯に入れて、固まらないようにかき混ぜながら、霜ふりの要領でさっと湯通しする。おか上げしておく。
2 鍋に酒、濃口醤油、ミリン、鴨肉を入れ、煎り煮にする。仕上げに粉山椒をふる。木の芽を添え、提供する。

（北岡三千男）

料理解説

常備菜の手帖

春の料理

●筍

筍の味噌漬け

（カラー10頁　上野修三）

筍の味噌漬けと
烏賊の黄味焼きの乱盛り
叩き木の芽

イカの黄味焼きを作る。イカを水洗いし、胴の薄皮をむき、塩を薄くふる。水分を拭き、「筍の味噌漬け」と同じ味噌床に2日間ほど漬ける。味噌を拭いて串打ちし、卵黄を何度かぬっては乾かすように焼く。そぎ切りにする。

「筍の味噌漬け」の穂先をくし形に切る。イカとともに叩き木の芽をまぶし、乱盛りにする。

鯛と白子のはさみ焼き
筍の味噌漬け木の芽はさみ
菜種のお浸し

鯛の切り身と白子を白幽庵地（白醤油、淡口醤油、ミリン、酒）に1日漬ける。挟み焼きにする。

「筍の味噌漬け」の根元部分を、鯛と同じ厚さに切る。厚さを2等分するように包丁で切れ込みを入れ、木の芽を挟む。

菜の花をさっとゆで、八方地（だし、酒、淡口醤油、ミリン、塩）に浸ける。

以上を器に盛り合わせる。

＊挟み焼き…2本の串の両端に大根を刺し、串の上に鯛と白子を交互に並べる。上からも押さえの串を打って焼く。この方法は、マツタケとハモ、鴨とナスのように、固さの違うものを交互に並べて焼きたい時などに使う。

●筍

せん切り筍の含め煮

（カラー12頁　北岡三千男）

筍の時雨煮
牛肉　粒山椒

牛肉をせん切りにし、砂糖、淡口醤油、酒、ミリンで炊く。「せん切り筍の含め煮」と粒山椒を加え、煮しめるように炊き上げる。タケノコの絹皮を一枚敷き、そこに時雨煮を盛る。

筍の三色和え
木の芽和え　梅肉和え　腐乳和え
木の芽

木の芽和え。木の芽の葉をすり鉢でする。白味噌、砂糖、ミリンを加え、ホウレン草の青寄せを加えてよくすり混ぜる。この衣で、浸け地をきった「せん切り筍の含め煮」を和える。

梅肉和え。梅干しを水に浸けて塩分を適度に抜く。水気を拭き、果肉を裏漉しする。煮きり酒、煮きりミリン、淡口醤油を加えて、よく混ぜる。地をきった「せん切り筍の含め煮」を和える。

腐乳和え。腐乳（豆腐の発酵食品）を小さめに切り、水に浸けて塩分を適度に抜く。水気をきって裏漉しし、地をきった「せん切り筍の含め煮」を和える。

以上を器に盛り、木の芽和えに木の芽を添える。

●独活

独活の蕃《ばん》椒《しょう》煮《に》

（カラー14頁　上野修三）

独活の蕃椒煮
独活の皮と蟹身の蟹真砂まぶし

ウドの皮をせん切りにし、さっとゆでる。おか上げにして薄塩をふり、甘酢に浸ける。

ヒシガニをさばき、蒸す。ヒシガニの卵は水洗いし、汚れやアクを取り除く。水きりし、蒸して裏漉しする。

器にヒシガニを盛り、ウドの甘酢漬けを添え、カニの卵をまぶす。「独活の蕃椒煮」を添える。

筍の木の芽田楽
独活の蕃椒煮　はじかみ

アク抜きをしたタケノコを厚めの輪切りにし、切り口に隠し包丁を入れる。両面を焼き、木の芽味噌をぬってさらに焼く。半分に切る。

「独活の蕃椒煮」とともに盛り合わせ、はじかみを添える。

＊木の芽味噌…白味噌、卵黄、酒、ミリン、砂糖を火にかけて練り、田楽味噌を作る。木の芽をすり鉢ですり、ここに田楽味噌とホウレン草の青寄せを加え、すり混ぜる。

●蕗と蕨

蕗とわらびの山椒煮

（カラー16頁　村上一）

蕗とわらびのとろろ和え
納豆　軸三つ葉　針ラディッシュ

軸三つ葉をさっとゆでて水にとり、長さ3〜4cmに切る。軽く刃叩きした納豆、「蕗とわらびの山椒煮」と混ぜ、器に盛る。すりおろしたヤマイモをかけ、針ラディッシュを天盛りにする。

ヤマイモには味をつけずに、フキとワラビの煮汁の味で食べていただく。

蕗とわらびの炊いたん

「蕗とわらびの山椒煮」をざっくりと器に盛る。

＊この山椒煮は常備菜としてもよいが、鉢に盛れば、季節の煮ものとして取り回しにできる。なお、「焚いたん」というのは、「炊いたもの」という京言葉。家庭のお惣菜の雰囲気があって親しみやすいので、店でもこう呼んでいる。

焼き南京　蕗とわらびのからみ和え

カボチャを梨割りにし、電子レンジで約2分間加熱する。1cmの角切りにし、半分はそのまま、半分はマヨネーズで和える。以上を「蕗とわらびの山椒煮」と混ぜる。

●菜の花

菜の花の白味噌漬け

（カラー18頁　平井和光・結野安雄）

菜の花の平目昆布締め巻き
煎り酒

ヒラメを薄造りにする。昆布で挟み、軽く押しをかけて半日ほどおく。

「菜の花の白味噌漬け」を2〜3本ずつ束ね、軸の部分をヒラメで巻く。煎り酒ですすめる。

＊煎り酒…酒に煎った米、梅干し、爪昆布、少量の淡口醤油を入れ、追いガツオをして半量まで煮詰めて漉したもの。

蒸しもの
あいなめ　筍　菜の花の白味噌漬け
若布あん　木の芽

アイナメを三枚におろし、骨切りの要領で身に包丁を入れ、薄塩をふる。葛粉をまぶし、皮を内側にして巻き、蒸し上げる。

タケノコはアク抜きし、だし、酒、塩、淡口醤油、ミリンに追いガツオをした地で煮含め、適宜に切る。

ワカメは水でもどし、吸い地で炊く。

アイナメ、タケノコ、「菜の花の白味噌漬け」を器に盛り合わせ、蒸す。だし、塩、ごく少量の淡口醤油の地にワカメを入れ、葛を引いた餡をかける。木ノ芽を添える。

●空豆

焼き空豆

（カラー20頁　北岡三千男）

煮もの椀
寄せ空豆　わらび　木の芽　清汁仕立

「焼き空豆」を、白身魚のすり身をつなぎとして丸め、蒸し上げる。椀に盛り、アク抜きしたワラビを添える。吸い地を張り、木の芽を添える。

酢のもの

炙りみる貝　焼き空豆
防風　木の芽　吉野酢

ミル貝を掃除し、さっとあぶって食べやすい大きさに裂く。

昆布だし、酢、少量の砂糖と塩を煮立て、葛を引いて吉野酢を作り、冷ます。

器に「焼き空豆」とミル貝を盛り、吉野酢をかける。さっとゆがき、吸い地で炊いた防風を添える。

たいらぎ黄身焼き　焼き空豆
白髪葱　木の芽　酢どり茗荷　すだち

タイラギの貝柱を串打ちし、卵黄をぬっては乾かすように焼く作業を2～3回繰り返す。

「焼き空豆」を粗いみじん切りにし、タイラギの上に散らして天火であぶる。針打ちしたネギと木の芽を盛り、甘酢に浸けたミョウガ、スダチを添える。

箸休め

焼き空豆くちこ挟み
焼き空豆チーズ挟み

「焼き空豆」をさっとあぶり、二つに割る。間にクリームチーズ、またはクチコを刃叩きし、卵黄を混ぜて湯煎にかけて練ったものを挟む。

●えんどう豆

えんどう豆の地浸け

（カラー22頁　北岡三千男）

食パン揚げ
えんどう豆　海老

「えんどう豆の地浸け」の地をきり、裏漉しする。味をみて、甘みが足りなければ砂糖を少量加える。直径1cmほどの棒状に整える。

食パン（8枚切りなど薄いもの）の耳を切り落とし、真ん中に棒状にしたエンドウ豆を置く。くるりと巻き、端を楊枝で止める。同様に、ゆでたエビを食パンにのせ、芯にして巻く。

パンの表面に卵白をつけ、片栗粉をまぶす。約160℃の油で揚げ、ひと口大に切り分ける。

えんどう豆のしんじょう

「えんどう豆の地浸け」の地をきり、裏漉しする。白身魚のすり身を昆布だしでのばし、耳たぶぐらいの固さに整える。

すり鉢に裏漉ししたエンドウ豆、とき卵、すり身を入れてよくすり混ぜる。流し缶に流し、蒸し器で蒸す（オーブンで蒸し焼きにしてもよい）。適宜の大きさに切り分ける。

●玉葱

玉葱の網焼き

（カラー24頁　北岡三千男）

玉葱サラダ
ホワイトアスパラガス
マッシュポテト　セロリ

「玉葱の網焼き」の皮をむき、輪茎をばらす。食べやすい大きさに切る。

ホワイトアスパラガスの固い部分の皮をむき、網焼きにしてから食べやすい大きさに切る。ジャガイモの皮をむき、適宜に切り分けてゆでる。粗くつぶしてマッシュポテトにする。セロリの筋を取り、薄切りにする。

タマネギ、ホワイトアスパラガス、マッシュポテト、セロリをマヨネーズで和え、塩、コショウをふる。

鯛のあら炊き
焼き玉葱　三度豆
木の芽

鯛のアラに塩をふり、しばらくおいてから霜ふりにする。流水にあて、残ったウロコや血合いを洗い流す。

鍋にだし、塩、少量の淡口醤油を合わ

せ、煮立てたところに鯛のアラを入れる。食べやすい大きさに切った「玉葱の網焼き」を入れ、歯ざわりが残る程度にさっと煮る。

三度豆をさっとゆでて冷水にとる。水気を拭き、だし、淡口醤油、塩の地に浸ける。

器に鯛のアラ、タマネギ、三度豆を盛り、煮汁を注ぎ入れ、木の芽を添える。

玉葱と揚げ湯葉
べっこう餡　軸三つ葉

「玉葱の網焼き」を食べやすい大きさに切り、吸い地でさっと炊く。

平ユバを5枚ほど重ね、食べやすい大きさに切る。片栗粉をまぶして160℃前後の油で揚げる。

だし、濃口醤油、ミリンを煮立て、葛を引いてべっこう餡を作る。

器にタマネギとユバを盛り、熱々のべっこう餡をかける。三つ葉の軸をきざんで天盛りにする。

●鯛

春子鯛の泉州漬け

（カラー26頁　上野修三）

春子鯛の泉州漬け
独活諸味味噌がけ

ウドの皮をむき、適宜の長さに切る。酢を入れた湯でゆでて水にさらし、甘酢に浸ける。

器に「春子鯛の泉州漬け」を盛り、汁気をきったウドを添える。ウドに裏漉したもろみ味噌をかける。

酒肴三点盛り
春子鯛泉州漬け
蛤の山椒煮　木の芽　軸防風
スナック豌豆
クリームネーズ

ハマグリの殻を開けて身を取り出す。鍋にハマグリの殻に入っていた汁と酒、粒山椒、少量の淡口醤油を入れ、ハマグリをさっと炊く。

スナックエンドウの筋を取り、さっとゆがく。

生クリームを泡立て、マヨネーズと混ぜて「クリームネーズ」とする。

皿に「春子鯛泉州漬け」、ハマグリ、スナックエンドウを盛り、クリームネーズをかける。ハマグリに木の芽と甘酢に浸けた防風の軸を添える。

●鯛

鯛のきずし

（カラー28頁　北岡三千男）

鯛のきずしと長芋の求肥昆布和え
ちぎり木の芽

「鯛のきずし」を皮ごと細造りにする。長イモの皮をむき、棒状に切る。

せん切りにした求肥昆布で鯛と長イモを和え、木の芽を散らす。

鯛のきずし卯の花巻き
酢どり茗荷

卯の花を作る。ニンジン、生シイタケをそれぞれだし、淡口醤油、砂糖、塩、ミリンの地で炊き、地をきってみじんに切る。セリはさっとゆがき、みじん切りにする。おからを油で軽く煎り、ニンジン、シイタケ、セリを加える。合わせだし（だし、塩、酒、淡口醤油、砂糖）を入れて、煎り煮にして冷ます。

巻き簾にラップ紙を敷き、薄造りにした「鯛のきずし」を並べる。その上に卯の花をのせ、巻き寿司のように巻く。ひと口大に切って盛り、甘酢に浸けたミョウガを添える。

鯛のきずし黄身酢かけ
アスパラガス　わらび　独活

アスパラガスを適宜の長さに切り、塩ゆでする。ワラビは灰をまぶし、熱湯をかけてそのまま冷ましてアクを抜く。水にさらす。

「鯛のきずし」を薄造りにする。器に盛り、黄身酢をかける。アスパラガスとワラビ、拍子木に切ったウドを添える。

＊黄身酢…卵黄を昆布だしで溶き、酢、砂糖少量を合わせ、湯煎にかけて練ったもの。

●鯛

鯛のそぼろ

（カラー30頁　北岡三千男）

鯛の身の玉締め
人参　牛蒡　三度豆
木の芽

「鯛のそぼろ」をだし、塩、淡口醤油、砂糖、ミリンの地で炊く。

ニンジンをせん切り、ゴボウは笹がきにする。三度豆はさっとゆがいて適宜に切る。以上を「鯛のそぼろ」に加え、さっと煮る。とき卵を加えて卵とじにし、器に盛り、木の芽を添える。

鯛とスナックえんどうの煮物

スナックエンドウを塩ゆでし、冷水にとる。水気をきり、適宜に切る。

「鯛のそぼろ」をだし、淡口醤油、塩、砂糖、ミリンの地でしっかりめの味に炊く。スナックエンドウを加え、仕上げる。

●鱚

きす昆布締め

（カラー32頁　平井和光・結野安雄）

きすの黄身揚げ　金時草がけ
みぞれ酢　茗荷
キャビア

「きす昆布締め」に片栗粉をまぶし、卵黄にくぐらせる。160℃ぐらいの油で揚げ、土佐酢に浸ける。

金時草をゆで、冷水にとる。水気を絞り、フードプロセッサーにかけてペースト状にする。固いようならだしでのばす。

キスを食べやすく切り、器に盛る。金時草のペーストをかける。土佐酢を混ぜた大根おろし、酢どりミョウガ、キャビアを添える。

＊土佐酢…だし、ミリン、酢、淡口醤油を合わせ、昆布を入れて火にかける。煮立ったら削りガツオを入れて火を止めて漉す。

きすの煎り雲丹焼き
黒豆松葉刺し　すだち

生ウニを蒸して裏漉しし、湯煎にかけてパラパラになるまで煎る。「きす昆布締め」に平串を打ってあぶり、仕上がり直前に煎ったウニをふりかける。天火でさっとあぶる。

器に盛り、黒豆の蜜煮を松葉に刺してのせ、スダチを添える。

きすの菊菜巻き
土佐酢ゼリー　芽葱　茗荷

菊菜をさっとゆがき、冷水にとる。水気をきり、だし、塩、少量の淡口醤油を合わせた地に浸ける。地をきり、食べやすく切って、「きす昆布締め」で巻いて蒸す。

もどした板ゼラチンを土佐酢に入れて溶かし、冷やし固める。

器に菊菜を巻いたキスを盛り、角切りにした土佐酢ゼリーをかける。芽ネギとミョウガのせん切りを天盛りする。

●鱒

さくら鱒の酢締め

（カラー34頁　平井和光・結野安雄）

さくら鱒のたたき
茗荷　芽葱　春菊　加減酢

「さくら鱒の酢締め」の皮面を強火であぶり、やや厚めの平造りにする。

ミョウガはせん切りに、芽ネギは長さ2㎝ほどに切り、春菊は葉をちぎる。以上を器に敷き、平造りにしたサクラマスを盛る。加減酢（だし、淡口醤油、酢、柑橘類の果汁）をかける。

さくら鱒の二色焼き　いくら　たらの芽白和え

大根をすりおろし、半分には卵の素（卵黄と油をマヨネーズ状に混ぜたもの）と卵黄を、もう半分にはメレンゲ（卵白を固く泡立てて塩味をつけたもの）を混ぜて二色のベースを作る。

「さくら鱒の酢締め」を小さめの切り身にし、平串を打って7分《ぶ》通り焼く。卵黄と卵白のベースをのせてさらに焼き、仕上げにイクラの醤油漬けをのせる。

タラノメをゆがき、水に落としてさらし、アクを抜く。だし、淡口醤油の地に浸ける。豆腐の水気をきり、砂糖、塩を合わせた衣でタラノメを和える。器に盛ったサクラマスに添える。

●穴子

穴子の蕗のとう漬け

（カラー36頁　村上 一）

穴子の蕗のとう焼き　焼き長芋添え

「穴子の蕗のとう漬け」のアナゴを取り出し、味噌を軽く拭き取る。串打ちして焼く。器の大きさに合わせて切り、盛る。

細めの長イモを輪切りにして、皮ごと網焼きにしたものを添える。

穴子と春野菜のこまごま　ホワイトアスパラガス　こごみ　筍　京水菜

春野菜を用意する。ホワイトアスパラガスの固い皮をむき、塩ゆでする。おか上げして冷ます。だし、塩、少量の淡口醤油の地に浸けてから斜めに切る。

コゴミは形を整えて素揚げする。

タケノコは糠《ぬか》ゆがきしてアクを抜き、薄味で炊いてから食べやすく切る。

京水菜はさっとゆがき、冷水にとる。水気をきり、長さ3～4cmに切る。

「穴子の蕗のとう漬け」のアナゴについた味噌を軽く拭き、串打ちして焼く。適宜の大きさに切る。

アナゴを漬けたふきのとう味噌に少量のあたりゴマを混ぜ、これでアナゴ、アスパラガス、コゴミ、タケノコ、京水菜を和える。

●穴子

穴子の白煮

（カラー38頁　平井和光・結野安雄）

透かし穴子と若布の博多　海老　おくら　黄身酢

乾燥ワカメを水でもどし、吸い地（だし、淡口醤油、塩）で炊いてから食べやすく切っておく。別に吸い地を用意し、ゼラチンを溶かしておく。

バットに「穴子の白煮」を広げ、ゼラチンの地にくぐらせたワカメを、アナゴと同じくらいの厚さに重ねる。さらにアナゴ→ワカメ→アナゴの順に重ね、上から軽く押しをする。4cm角の立方体に切る。

高さ5cm以上の流し缶を用意する。吸い地にゼラチンを溶かし、流し缶に高さ5㎜ほど流す。冷蔵庫で冷やし、8分《ぶ》通り固まったらアナゴとワカメの博多を同間隔で並べ、間にゼラチン地を流し入れる。冷蔵庫に入れ、ゼラチンが固まったらひとつずつに切り分ける。

エビは頭と背ワタを取り、ゆでて殻をむき、輪切りにする。オクラはゆでて輪切りにする。

器にアナゴの博多を盛り、エビ、オクラをのせる。黄身酢（卵黄、酢、砂糖、ミリン、少量の塩を合わせて湯煎にかけ、練る）をかける。

穴子の棒ずし　生姜　はじかみ　酢蓮根

巻き簾にさらしを敷き、「穴子の白煮」を身を下にしてのせる。棒状にまとめたすし飯をのせ、しっかりと巻く。

切り分けて器に盛り、煮つめ（濃口醤

油、たまり醤油、砂糖、ミリン、酒を煮詰めたもの）をぬる。酢どりショウガとレンコンの甘酢漬け、はじかみを添える。

●浅利

浅利牛蒡味噌

（カラー40頁　上野修三）

浅利牛蒡味噌
芹　独活　芥子和え

セリをさっとゆがいて冷水にとり、水気を絞る。吸い地よりやや濃いめの八方地（だし、淡口醤油、塩、酒、ミリン、少量の砂糖）に浸ける。ウドは酢水でゆでて水にさらし、同様の地に浸ける。

カラシ味噌を作る。砂糖、淡口醤油、白味噌、ミリン、練りガラシを合わせ、すり鉢であたる。裏漉しする。

器に「浅利牛蒡味噌」、セリ、ウドを盛り合わせる。ウドを浸けた地でカラシ味噌をのばし、かける。

豆腐浅利田楽
酢蕪

木綿豆腐に重石をして水気をきり、器の大きさに合わせて切る。フライパンにサラダ油を熱し、豆腐を焼く。豆腐の上に「浅利牛蒡味噌」をのせ、松の実を散らす。オーブンで香ばしく焦げ目がつくまで焼く。

カブを薄く切り、桜の型に抜いて立て塩に浸ける。しんなりしたら引き上げ、水気を拭いて甘酢に浸ける。

豆腐浅蜊田楽を盛り、カブを添える。

夏の料理

●茄子

焼き茄子

（カラー44頁　北岡三千男）

焼き茄子の葛水仙巻き
焼きししとう
胡麻あん　ふり柚子

葛を水で煮溶かして、流し缶に薄く流す（高さ2㎜程度）。沸騰した湯に流し缶ごと入れ、透明になったら取り出す。粗熱を取り、冷蔵庫で冷やす。「焼き茄子」を葛きりで巻き、食べやすい大きさに切る。

練りゴマを吸い地でのばし、煮溶かす。冷やしたら塩で味をととのえる。器にナスの葛巻き、網焼きにしたシシトウを盛り、ゴマの地をかける。すりユズをふる。

焼き茄子の生ハム焼き
叩き長芋　梅肉

「焼き茄子」の地をきり、ひと口大の輪切りにする。生ハムをナスの幅に合わせて切り、ナスを巻く。

器に盛り、すりこぎで叩きつぶした長イモを添える。冷ました吸い地を張り、梅肉を添える。

●茄子

賀茂茄子の揚げ煮

（カラー46頁　平井和光・結野安雄）

賀茂茄子の揚げ煮
糸青柚子

「賀茂茄子の揚げ煮」を器に盛り、揚げ煮の合わせ地をかける。青ユズの皮のせん切りを天盛りにする。

賀茂茄子の豚肉巻き揚げ
アスパラガス　すだち

「賀茂茄子の揚げ煮」の地をきり、豚ロース肉の薄切りで巻く。天ぷら用の衣をつけ、周りに細かくくだいたクラッカーをまぶしつける。170℃前後の油でカラッと揚げる。食べやすい大きさに切る。

器に盛り、薄衣をつけて揚げたグリーンアスパラガス、スダチを添える。

賀茂茄子とぐじの蒸しもの
雲丹　山葵　銀あん

ひと塩をしたアマダイ（グジ）を上身にし、身の厚い部分は開いて同じ厚さに整える。これで「賀茂茄子の揚げ煮」を巻く。器に入れて酒をふりかけ、蒸してアマダイに火を通す。途中で一度蒸し器から取り出し、生ウニをのせる。蒸し器に戻し、ウニに軽く火を通す。

だしを少量の淡口醤油、ミリン、塩で調味した地に葛を引いて銀餡を作る。アマダイにかけ、ワサビを添える。

●とうもろこし

焼きとうもろこし

（カラー48頁　北岡三千男）

とうもろこしのかき揚げ
すだち

小麦粉、卵、水を混ぜ、天ぷらの衣をやや固めに作る。「焼きとうもろこし」の粒を包丁でむき取り、天ぷら衣にからめる。片栗粉をまぶし、約170℃の油でからりと揚げる。揚げたてに軽く塩をふり、スダチを添えてすすめる。

煮もの椀
とうもろこしの豆腐
金時草　海老
三度豆　清汁仕立

「焼きとうもろこし」の粒をこそげ取り、ミキサーにかけてから裏漉しにする。鍋に移し、水溶きの葛を加えて火にかけ、胡麻豆腐の要領で練る。流し缶に流し、冷やし固める。

金時草をさっとゆがいて冷水にとる。水気を絞り、吸い地に浸ける。三度豆も同様にゆでてから吸い地に浸ける。エビは頭と背ワタを取り、さっとゆがいて殻をむく。

トウモロコシの豆腐を切り分け、温めてから椀に盛る。金時草、エビ、三度豆を添え、吸い地を張る。

●冬瓜

冬瓜の白味噌煮

（カラー50頁　平井和光・結野安雄）

蟹の博多冬瓜
ふかひれ餡　針生姜　木の芽

「冬瓜の白味噌煮」を厚さ1・5㎝に切る。カニをゆでて身を粗くほぐす。卵白を泡立ててメレンゲを作り、カニの身にからめる。トウガンでカニを挟んで博多にし、蒸し上げる。冷蔵庫で冷やす。

フカヒレ（もどして繊維をほぐしたもの）を吸い地で炊き、葛を引いて餡を作る。冷やしておく。

器にカニとトウガンの博多を盛り、フカヒレの餡をかける。針ショウガ、木ノ芽を添える。

冷やし炊合せ
冬瓜　南京　茄子
海老　共地あん　針柚子

カボチャは皮をむき、だし、塩、少量の淡口醤油、砂糖で煮含める。ナスのヘタを切り落とし、実を縦割りにする。火が通りやすいように皮に包丁目を入れ、だし、淡口醤油、ミリン、塩で煮含める。それぞれ冷やしておく。

車エビの頭と背ワタ、殻を取り、腹側に切り目を入れる。酒と塩の地で煎り、さっと火を通す。粗熱をとり、冷やす。

器に「冬瓜の白味噌煮」、カボチャ、ナス、車エビを盛る。トウガンを浸けた白味噌の地に薄葛を引き、餡としてかける。針ユズを添える。

●胡瓜

毛馬《けま》胡瓜の胡麻酢漬け

（カラー52頁　上野修三）

胡瓜漬けと穴子の白焼き

「毛馬胡瓜の胡麻酢漬け」を長さ4〜5cmに切る。アナゴを開き、頭と骨を取り、薄塩をあてて白焼きにする。4〜5cmの棒状に切り、キュウリと和える。器に盛り、胡麻酢漬けの地をかける。好みで切りゴマをふってもよい。

酒肴三点盛り
毛馬胡瓜
鮑酒煎り
とびあら
防風

アワビの殻をはずし、水洗いしてワタを取る。薄切りにし、酒と少量の塩で酒煎りにする。

トビアラ（車エビの一種。サルエビ）の頭と一緒に背ワタを引き抜き、アワビと同様に酒煎りにして、殻をむく。

皿に「毛馬胡瓜の胡麻酢漬け」、アワビ、トビアラを盛る。防風を添える。

●胡瓜

胡瓜の雷干し

（カラー54頁　北岡三千男）

雷干しの緑酢ゼリー寄せ
鱧焼きちり
梅肉

ハモをさばき、骨切りする。あぶって焼き霜にし、ひと口大に切る。

キュウリ3本をすりおろし、布で漉して水分をとる。この水分に水180cc、砂糖40g、少量のハチミツ、レモン汁1個分を加え、緑酢を作る。一部を取りおき、残りにゼラチン5gを入れて煮溶かしておく。

器にハモと切った「胡瓜の雷干し」を交互に重ね、ゼラチンを加えた緑酢の地を注ぎ入れる。冷やし固めたら、取りおいた緑酢をかける。梅肉を添える。

雷干しのヨーグルト和え

プレーンヨーグルトをガーゼなどにのせ、水気をきる。よく混ぜてなめらかなクリーム状にし、玉味噌（白味噌と卵黄、砂糖、ミリンを火にかけ、練ったもの）を混ぜる。「胡瓜の雷干し」を食べやすい長さに切り、ヨーグルトで和える。

雷干しの三種和え
香煎和え
このこ和え
腐乳和え

香煎和え。コノワタを刃叩きし、卵黄と混ぜる。弱火にかけ、ゆっくり水分を飛ばしてパラパラになるまで煎り上げる。適宜に切った「胡瓜の雷干し」と和える。

このこ和え。コノコ（ナマコの卵巣を乾燥させたもの。クチコともいう）をさっとあぶり、細くきざむ。食べやすく切った「胡瓜の雷干し」と和える。

腐乳和え。腐乳（豆腐の発酵食品）をごく小さなさいの目に切り、水に30〜40分間浸けて塩抜きする。食べやすく切った「胡瓜の雷干し」と和える。

●芋茎

赤芋茎八方酢漬け

（カラー56頁　上野修三）

赤芋茎と焼穴子の胡瓜巻
茗荷　防風

アナゴをさばき、濃口醤油とミリンを同割で合わせたたれをかけながら焼く。

キュウリの皮をむき、幅5〜6cmに切ってから桂むきにする。立て塩に浸け、しんなりさせる。

「赤芋茎八方酢漬け」の地をきり、アナゴを挟む（1）。立て塩に浸けたキュウリの水気をきり、巻き簾に広げる。1をのせ、芯にして巻く。適宜の厚さに切り分ける。

器に盛り、ズイキを漬けた八方酢をかける。酢どりミョウガと防風を添える。

赤芋茎と青芋茎、海老の白酢がけ

「赤芋茎八方酢漬け」を食べやすい大きさに切っておく。

青ズイキは皮をむいてゆがき、冷水にさらす。八方地（だし、塩、酒、淡口醤油、ミリン）に浸ける。

才巻エビは頭と背ワタを取り、塩ゆでして殻をむく。赤ズイキを漬けた八方酢で洗う。

白酢を作る。豆腐の水気を絞り、裏漉しする。すりゴマを入れ、赤ズイキを漬けた地でのばす。砂糖、塩で味をととのえる。

器に赤ズイキ、青ズイキ、才巻エビを盛り合わせ、白酢をかける。

●**蓴菜**

じゅんさいの湯通し

（カラー58頁　北岡三千男）

じゅんさい入り養老羹
いくら　ふり柚子

長イモをすりおろし、すり鉢にとる。だしに塩で味をつけた地を冷まし、すり鉢に少しずつ加えてすりのばす。「じゅんさいの湯通し」を加え、水で溶いた寒天も混ぜる。流し缶に流して蒸し固める。粗熱がとれたら冷蔵庫で冷やし、器の大きさに合わせて切り分ける。

器に盛り、イクラを添える。加減酢（酢をだし、塩、少量の淡口醤油で割ったもの）をかけ、ユズをふる。

じゅんさいの葛鍋
雲丹　蓮根　おくら

レンコンを食べやすい大きさに切り、素揚げする。オクラは種を除き、輪切りにする。

小鍋にレンコン、オクラ、生ウニ、「じゅんさいの湯通し」を入れ、吸い地を張る。ひと煮立ちさせ、好みで粉山椒をふってすすめる。

●**鮎**

鮎の酢締め

（カラー60頁　北岡三千男）

鮎の蓼和え
白胡麻

「鮎の酢締め」を細造りにする。細かくきざんだタデの葉、煎りゴマとともに和える。

鮎の卯の花ずし
蓼の葉

卯の花を作る。おからを裏漉しし、酢、サラダ油、煮きり酒、砂糖、ミリン、淡口醤油を加え混ぜ、火にかける。

卯の花を俵型に形作り、適宜の大きさに切った「鮎の酢締め」で巻く。タデの葉を添える。

鮎のうるか和え
木耳

「ウルカ」はアユの塩辛の一種で、精巣のみを塩漬けにして熟成させたものを白ウルカと呼ぶ。これを水に浸けて適度に塩出しする。すり鉢にとり、煮きり酒を加えてすりのばし、味をととのえる。

キクラゲを水でもどし、石突きを取ってせん切りにする。吸い地で炊き、そのまま地浸けする。水気をきり、「鮎の酢締め」の細造りとともに、ウルカで和える。

糸瓜と蓼の葉の鮎巻き
鮎の蓼味噌かけ

糸ウリを輪切りにし、ゆがいてから吸い地でさっと炊く。タデの葉を刃叩きし、糸ウリと混ぜる。巻き簾に水気をきった「鮎の酢締め」を広げ、糸ウリをのせる。

海苔巻きの要領でしっかりと巻き、ひと口大に切る。

　アユの白子を塩漬けにしたものを、水に浸けて塩気を適宜に抜き、細造りにする。タデ味噌（タデの葉をすり鉢ですり、白味噌、酒、卵黄を火にかけて練った玉味噌を加えたもの）をかける。

●鮎

鮎の風干し明太子漬け

（カラー62頁　村上一）

炙り鮎入りお焼き
大葉　三つ葉　もみ海苔
旨だし

「鮎の風干し明太子漬け」のアユについた明太子を落とし、あぶる。身を細かく切る。ツクネイモをすりおろし、香り程度の淡口醤油を落とす。これとアユの身を混ぜる。少量の油を熱したフライパンに薄くのばし、両面を焼く。椀の大きさに合わせて切り分ける。

　椀にお焼きを盛る。旨だし（だし、淡口醤油、ミリン、塩）をかけ、もみノリときざんだ大葉ジソ、軸三つ葉を添える。

和えもの
炙り鮎と浅瓜
針生姜

　網でさっとあぶった「鮎の風干し明太子漬け」を食べやすい大きさに切る。

　浅ウリ（白ウリ）の種を除き、薄く切る。差し昆布をした立て塩に浸ける。しんなりしたら、固く絞って水気をきる。

　アユと浅ウリを和えて器に盛り、針ショウガを添える。

炙り鮎

「鮎の風干し明太子漬け」のアユについた明太子を、布巾で拭き取るか水で洗い流し、水気を拭く。網でさっとあぶる。

●鱧

鱧の山椒煮

（カラー64頁　村上一）

鱧ご飯と鱧茶漬け
三つ葉　山葵

　ご飯の上に「鱧の山椒煮」をのせ、さっとゆでた軸三つ葉を散らす。そのまま提供する、またはワサビをのせてお茶漬けとしてすすめる。

鱧入り蓮根饅頭　煎り米のあんかけ
もみ海苔　山葵

　レンコン饅頭を作る。新レンコンの皮をむいてすりおろし、布にのせてデンプンをさっと洗い流す。水気をきり、すりおろしたツクネイモを加え、塩で味をつける。丸くとり、中に「鱧の山椒煮」と細かく切ったレンコンを入れて包む（山椒煮は煮崩れたものでよい）。いったん蒸してから油で揚げる。

　だし、塩、淡口醤油、ミリンの地に葛を引き、煎り米も入れて餡を作る。

　器に饅頭を盛り、餡をかける。もみノリとワサビを添える。

●鱸

鱸の酒盗漬け

（カラー66頁　村上一）

鱸の酒盗焼き　酢どり生姜

「鱸の酒盗漬け」を玉水で洗い、串打ちして焼く。途中で2～3回漬け地をかけ、焼き上げる。皿に盛り、甘酢漬けのショウガを添える。

揚げ賀茂茄子　鱸のつくね焼き
はじかみ　すだち

「鱸の酒盗漬け」を玉水で洗い、焼く。すりおろしたツクネイモを少量の塩、ミリンで調味したものを、焼き上がり近くのスズキにのせ、強火で焼き上げる。

　賀茂ナスの皮をむき、薄い輪切りにする。水、卵黄、小麦粉の衣をつけ、生パン粉をまぶす。中温の油で揚げる。

器にスズキのつくね焼き、揚げた賀茂ナスを盛り、はじかみとスダチを添える。

鱸の万願寺唐辛子包み煮
一寸豆

万願寺トウガラシを網で焼く。しんなりしたら天地を切って開き、種を取り出す。

「鱸の酒盗漬け」をさっとあぶり、万願寺トウガラシで包む。食べやすいように裏側に隠し包丁を入れ、カンピョウで十文字に縛る。だし、淡口醤油、ミリン、酒少量で煮含める。

器にスズキの万願寺トウガラシ包みを盛り、ゆでた一寸豆（ソラマメ）を添える。

●鯵

鯵の風干し

（カラー68頁　北岡三千男）

炙り鯵のむしり
水玉胡瓜　茗荷
吸い酢　白髪葱

「鯵の風干し」をさっとあぶり、骨などを除いてから大きめにむしる。

キュウリの皮をまだらにむき、桂むきにする。巻いて輪切りにし、薄い塩水に浸ける。ミョウガはせん切りと竹ミョウガにし、ネギは白髪ネギにする。

アジ、キュウリ、ミョウガを和えて、器に盛る。酢にだしと砂糖を合わせ、飲めるような加減にしたものをかける。白髪ネギを添える。

鯵の梅酢煮
針生姜

だし、淡口醤油、砂糖、ミリンを合わせた地に梅干しとせん切りのショウガを入れ、「鯵の風干し」をさっと炊く。煮汁に漬けたまま冷まして、味をなじませる。

●鮑

蒸し鮑

（カラー70頁　北岡三千男）

蒸し鮑とアボカド
すだち

「蒸し鮑」を厚さ5㎜に切り整える。アボカドは皮をむき、アワビと同じ厚さに切り、レモンの果汁をふりかけておく。

器にアワビとアボカドを交互に並べ、スダチを添える。

蒸し鮑の酢のもの
胡瓜　糸瓜　花穂紫蘇　加減酢

「蒸し鮑」を薄く切ってから、せん切りにする。

キュウリは種を取り、せん切りにして塩もみしておく。糸ウリは太めの輪切りにし、ゆでてから糸状にほぐす。

アワビ、キュウリ、糸ウリと花穂ジソを、加減酢（酢、だし、塩、淡口醤油）で和える。

●蛸

蛸の風干し

（カラー72頁　北岡三千男）

蛸の酢のもの
大根　もやし　独活
土佐酢

「蛸の風干し」を、身が縮むのを防ぐためにすりこぎで叩き、平らにのばしておく。網にのせてさっとあぶり、細かく裂く。

大根をマッチ棒程度の太さに切り、薄い塩水に浸ける。モヤシは根と芽を取り、さっとゆがいてから冷水にとる。ウドはマッチ棒大に切る。

野菜の水気をきり、裂いたタコとともに土佐酢で和える。少量のゴマ油を落とし、香りをつける。

蛸の白せん揚げ
吸盤のみぞれ和え
すだち

「蛸の風干し」を、身が縮まないようにすりこぎで叩いて平らにし、食べやすい大きさに切る。片栗粉をまぶし、油で揚げる。

キュウリをすりおろし、水気を絞る。酢、砂糖、少量の淡口醤油で味をつける。風干しのタコの吸盤を適宜に切り、このキュウリでみぞれ和えにする。

以上を器に盛り、スダチを添える。

●蛸の子

ゆで蛸の子

（カラー74頁　北岡三千男）

蛸の子の卵寄せ
ふり柚子

「ゆで蛸の子」をすり鉢ですり、よくほぐす。別に卵をとき、だし、少量の淡口醤油で味をととのえる。タコの子を混ぜ、流し缶に流して蒸す。粗熱がとれたら冷やしておく。

器に合わせて切り分け、盛る。冷やした吸い地を張り、ユズをふる。

蛸の子の生姜煮
蛸の吸盤　三度豆
木の芽

「ゆで蛸の子」を食べやすい大きさに切り分け、だし、酒、砂糖、濃口醤油、ミリンの地にせん切りのショウガを入れて炊く。炊き上がりにタコの吸盤（さっとゆがいておく）を加える。

三度豆をゆで、冷水にとる。水気をきり、だし、淡口醤油、塩の地に浸ける。

タコの子、吸盤、三度豆を盛り合わせ、木の芽を添える。

炊合せ
蛸の子　焼き麩
小芋　三度豆

「ゆで蛸の子」を食べやすい大きさに切り、だし、酒、ミリン、淡口醤油、砂糖の地にショウガの薄切りを入れて炊く。

麩はバーナーで焼き目をつけてから食べやすい大きさに切り、吸い地で炊く。

小イモの皮をむき、米のとぎ汁でゆがく。清湯でゆで直して糠気《ぬかけ》を抜き、だし、塩、淡口醤油、砂糖で煮含める。

三度豆はゆがいて冷水にとる。水気をきり、吸い地に浸す。

器にタコの子、焼き麩、小イモを盛り、タコの子の煮汁を注ぐ。三度豆を添える。

蛸の子のかるかん
人参　椎茸　三つ葉
実山椒

「ゆで蛸の子」を適宜に切り、吸い地でさっと炊く。地をきり、ほぐす。

ニンジンは細切り、生シイタケは小さい角切りにし、吸い地で炊く。三つ葉はさっとゆでてきざむ。

かるかんを作る。大和イモをすりおろし、タコの子とニンジン、シイタケ、三つ葉を混ぜる。丸く団子状にまとめる。片栗粉をまぶし、170℃の油で揚げる。

だし、少量の淡口醤油、塩を合わせて煮立てる。葛を引き、銀餡とする。

器にかるかんを盛り、銀餡をかける。実山椒を添える。

秋の料理

●松茸

焼き松茸
（カラー78頁　北岡三千男）

松茸のお浸し
菊花　菊菜

「焼き松茸」を食べやすい大きさに裂く。
菊花をほぐし、さっとゆがいて冷水にとる。水をきり、だし、淡口醤油、塩の地に浸ける。菊菜もさっとゆがいて冷水にとる。水気をきって適宜の大きさに切る。
マツタケ、菊花、菊菜を和え混ぜる。

松茸と水菜のサラダ
とんぶり　すだち

「焼き松茸」を細く裂く。サラダ用の水菜を食べやすい長さに切る。
マツタケ、水菜、水煮のトンブリを、ドレッシング（サラダ油、太白ゴマ油、淡口醤油、柑橘の果汁、塩、コショウを合わせる）で和える。スダチを添える。

●占地

本しめじころ煮
（カラー80頁　平井和光・結野安雄）

本しめじのころ煮
木の芽

「本しめじころ煮」を器に盛り、木の芽を添える。

本しめじの甘鯛巻き
万願寺唐辛子　すだち

ひと塩したアマダイの切り身に、皮近くまで包丁を入れて開く。「本しめじころ煮」をアマダイで抱くように包み、薄衣をつけて油で揚げる。
器に盛り、万願寺トウガラシの素揚げ、スダチを添える。

錦和え
本しめじ　柿　栗
銀杏　菊菜　胡桃　いくら

白和えの衣を作る。クルミをオーブンでローストし、すり鉢でする。ペースト状になったら裏漉しする。水きりした豆腐に裏漉ししたクルミとあたりゴマを混ぜ、塩、砂糖、淡口醤油、ミリンで味をととのえる。
柿は皮をむいて角切りに、栗は蒸して皮をむいて乱切りにする。ギンナンは殻をむいて柔らかくゆでる。菊菜はさっとゆがいて、地浸けする。以上と煎ったクルミを「本しめじころ煮」とともに白和えの衣で和え、器に盛る。イクラの醤油漬けを添える。

●茸

茸の網焼き
（カラー82頁　北岡三千男）

茸の牛肉巻き
酢どり茗荷　すだち

牛ロース肉の薄切りを広げ、小麦粉をふる。「茸の網焼き」を並べ、くるくると巻いて端を楊枝で止める。フライパンに油を引き、香ばしい焼き色がつくように焼く。酒、淡口醤油、砂糖を合わせた地を加え、肉にからめながら仕上げる。食べやすい大きさに切る。
ミョウガはさっとゆがいておか上げし、塩をふって冷ます。甘酢に漬ける。
器に牛肉を盛り、ひと口大に切ったミョウガ、スダチを添える。

茸と牛肉のしぐれ煮
針生姜

牛肉の切り落としを霜ふりにし、余分

な脂分を除く。「茸の網焼き」とともにだし、酒、ミリン、濃口醤油、砂糖の地で、佃煮風に炊き上げる。

　器に盛り、針ショウガを添える。

茸の南蛮ご飯
　三つ葉

　フライパンに油を引き、「茸の網焼き」を入れて軽く塩をして炒めておく。

　米を洗い、だし、淡口醤油、塩、酒を合わせた地を張る。キノコを入れて炊く。炊き上がりに軸三つ葉を散らす。

●蓮根

練り蓮根

（カラー84頁　平井和光・結野安雄）

蓮根まんじゅう
　烏賊　海老　百合根
　生姜　三つ葉

　イカは上身にし、小さい切り身にする。エビは頭と背ワタを取り、ゆでて殻をむき、小口切りにする。ユリ根は鱗片をほぐして掃除し、ゆでておく。

「練り蓮根」にイカ、エビ、ユリ根を混ぜ、団子にまとめる。細かくつぶしたあられをまぶし、約170℃の油で揚げる。

　だしに淡口醤油、塩で味をつけた地に葛を引き、餡を作る。

　器に蓮根まんじゅうを盛り、餡をかける。おろしショウガと三つ葉を添える。

蓮根はさみ揚げ
　木耳　枝豆　海老

　キクラゲをせん切りにし、ゆでて水にとる。エダマメはゆでて実を取り出し、粗くきざむ。車エビは頭と背ワタを取り、酒煎りにする。殻をむき、粗めにきざむ。以上を「練り蓮根」に混ぜる（1）。

　レンコンの皮をむき、厚さ5㎜の輪切りにする。2枚で1を挟む。黄身衣（卵黄と少量の小麦粉を混ぜたもの）にくぐらせ、170℃前後の油でゆっくりと揚げる。軽く塩をふり、半分に切り分けて器に盛る。

●柚子

柚子標茸煮

（カラー86頁　上野修三）

柚子標茸煮の滑り和え
　糸長芋　三つ葉　岩茸

　長イモの皮をむき、せん切りにする。やや濃いめの吸い地程度に味をつける。三ツ葉の軸をさっとゆでる。イワタケは薄味で煮含める。

　器に「柚子標茸煮」を盛り、長イモと三ツ葉を混ぜてかける。イワタケを天盛りにする。

焼き痕《め》ぐじ　柚子標茸煮の蕪蒸し
　蕪の葉　紅葉麩　山葵あん　糸柚子

　ひと塩のアマダイを切り身にし、皮目を焼く。カブをすりおろし、泡立てた卵白と塩を混ぜる（1）。

　器にアマダイを盛り、上に「柚子標茸煮」をのせて蒸す。1をのせ、さらに軽く蒸す。仕上げに、「柚子標茸煮」の煮汁に葛を加えた餡をかける。ゆでて地浸けしたカブの葉、濃いめの吸い地で煮た紅葉麩と、ワサビ、糸ユズを添える。

●栗

銀寄栗渋皮煮

（カラー88頁　上野修三）

渋皮煮の栗餡かけ
　隈海老の葛煮　菊菜の煮浸し
　糸柚子

　隈《くま》海老はアシアカエビのこと。頭の黒い部分が歌舞伎の「隈取」のようなので、そう呼ばれている。アシアカエビの殻をむき、背開きにして背ワタを抜く。胴に包丁を入れ、そこに尾を突き通す。少量のだし、塩、砂糖、酒でさっと加熱し、そのまま浸けておく。使う時に地に葛を引き、エビにからめる。

菊菜は昆布だしでゆがき、引き上げて冷ます。だしにゆで汁を加え、菊菜を地浸けする。

栗餡を作る。「銀寄栗渋皮煮」のうち、つぶれたものなどを使用。渋皮をむき、裏漉しする。渋皮煮の煮汁でのばし、葛を引く。

器にアシアカエビ、菊菜、「銀寄栗渋皮煮」を盛り、渋皮煮に栗餡をかける。糸ユズを添える。

渋皮栗玉霰揚げ

「銀寄栗渋皮煮」に小麦粉と卵白をつけ、玉あられをまぶす。油で揚げる。

●栗

栗の蜜煮

（カラー90頁　北岡三千男）

栗と梨の博多
生姜の甘煮

梨の皮をむき、芯を抜く。水と日本酒、グラニュー糖を合わせてシロップを作り、これで梨を炊く。地をきり、厚さ5mmに切る。梨に「栗の蜜煮」をきんとんにしたものを絞り出し、交互に重ねる。食べやすい大きさに切る。

新ショウガの皮をむき、せん切りにする。何度も水を替えながらゆでて苦みを抜き、砂糖と水で甘煮にする。

器に梨と栗の博多を盛り、ショウガの甘煮を添える。

栗きんとんの蕎麦クレープ巻き
ぶどう

ソバ粉に牛乳と水を混ぜ、クレープ生地を作る。フライパンに油を薄く引き、生地を広げて焼く。巻き簾にラップ紙を敷き、焼いたクレープを置く。「栗の蜜煮」のきんとんをのせて平らに広げ、中央に皮をむいたブドウ（種なし）を並べる。ブドウを芯にして巻き、2～3cm幅に切り分ける。

●小芋

小芋の含め煮

（カラー92頁　北岡三千男）

煮もの椀
石垣小芋　焼き松茸　三度豆
柚子　清汁仕立

白身魚のすり身を昆布だしでのばし、すりおろした大和イモ、卵の素（卵と油をマヨネーズ状に混ぜたもの）、浮き粉、5分《ぶ》立ての卵白を加え混ぜる。塩で味をととのえ、流し缶に流す。「小芋の含め煮」を適宜に散らし、蒸し上げる。

提供時にしんじょうを切り分け、吸い地で温める。椀に盛り、吸い地を張る。「焼き松茸」（カラー78頁）とゆでて地浸けした三度豆、ユズを添える。

小芋の田楽　胡桃
ふり柚子

「小芋の含め煮」の地をきり、小麦粉をまぶして170℃前後の油でからりと揚げる。油をきり、器に盛って田楽味噌（白味噌、赤味噌、砂糖、ミリンを合わせて火にかけ、練ったもの）をかける。香ばしく煎ったクルミを添え、すりユズをふる。

●甘鯛

ぐじの一夜干し

（カラー94頁　村上一）

ぐじの白和え
しめじ　木耳　こんにゃく
三つ葉

「ぐじの一夜干し」に串打ちし、酒をかけながら焼く。熱いうちに身をほぐしておく。

シメジ、キクラゲ、コンニャクは適宜の大きさに切り、薄味で炊いておく。軸三つ葉はさっとゆでる。豆腐の水気を絞り、塩、砂糖、ミリンで味をととのえて白和えの衣を作り、シメジ、キクラゲ、コンニャク、三つ葉を和える。

器にほぐした甘鯛と白和えを盛る。

ぐじの紅葉和え
松茸　百合根　辛子明太子
トマト　揚げ牛蒡　糸柚子

「ぐじの一夜干し」を串打ちし、酒をかけながら焼く。身をほぐしておく。

マツタケをさっとあぶり、適宜に裂く。ユリ根は鱗片をばらし、バーナーであぶる。辛子明太子は膜をはがし、卵をほぐす。トマトは甘みのあるものを用意し、皮を湯むきし、種を取り除いて角切りにする。

以上とアマダイ（グジ）のほぐし身をさっくり混ぜる。器に盛り、せん切りにして揚げたゴボウと糸ユズを天盛りする。

ぐじの果実釜盛り
蟹　キムチ　絹さや

「ぐじの一夜干し」を串打ちし、酒をかけながら焼く。身をほぐす。カニをゆでて身をほぐす。キムチは細く切り、キヌサヤは塩湯でゆでて色出しする。以上をざっくりと混ぜる。

グレープフルーツの皮で作った果実釜に盛り、柑橘類の果汁を搾る。

●鰆
狭《さ》腰《ごし》加《か》良《ら》漬《づけ》
（カラー96頁　上野修三）

狭腰の巻繊《けんちん》焼
菊花栗甘煮　はじかみ

けんちんの地を作る。豆腐の水気を絞り、サラダ油とゴマ油で炒める。パラパラになる手前で淡口醤油、ミリン、砂糖を加え、味をととのえる。卵黄と、メレンゲ（泡立てた卵白）ですりのばした白身魚のすり身を加え、混ぜる。

細切りにしたニンジン、シイタケ、キヌサヤ、ユリ根を、それぞれ薄味で下煮する。けんちんの地と混ぜる。

「狭腰加良漬」のサワラについた漬け床を拭《ぬぐ》い、片身を片開きにする。けんちんを抱かせて形を整える。オーブンでゆっくり焼く。

けんちんを食べやすく切り分けて器に盛る。菊花にむいた栗の蜜煮と、はじかみを添える。

狭腰の三幸蒸し
卵の花　銀杏　松茸
酢どり生姜

「狭腰加良漬」のサワラの漬け床を拭き、片身を観音開きにする。マツタケを掃除し、適宜に裂く。幽庵地（濃口醤油、ミリン、酒）にさっと通し、サワラで包み、串打ちして焼く。

卵黄におからとゆでて薄切りにしたギンナンを混ぜる。焼いたサワラにのせ、蒸し上げる。器に盛り、ショウガの甘酢漬けを添える。

●秋刀魚
秋刀魚の酢締め
（カラー98頁　北岡三千男）

秋刀魚の広島菜巻き
菊花　青紫蘇　針生姜

広島菜（広島名産の葉もの野菜）の漬けものは、地をきっておく。

巻き簾にラップ紙をのせ、広島菜を広げる。その上に青ジソを敷き、「秋刀魚の酢締め」を並べる。ゆでて水気をよく絞った菊花を中心に置き、芯にしてきつく巻く。

ひと口大に切って器に盛り、だし、淡口醤油、酢を合わせた加減酢をかける。針ショウガを添える。

秋刀魚のありの実和え
なめこ　軸三つ葉

「秋刀魚の酢締め」の甘酢を拭き、細造りにする。

ナメコは吸い地でさっと炊く。三つ葉

はさっとゆでてからだしで洗い、長さ3cmほどに切る。

梨をすりおろして水気を軽く絞り、これでサンマ、ナメコ、軸三つ葉を和える。

●鰯

鰯のあっさり炊き

（カラー100頁　北岡三千男）

鰯の紫蘇煮
ふり胡麻

鍋に「鰯のあっさり炊き」を並べ、水、濃口醤油、酒を同割で合わせたものをひたひたに注ぐ。梅干しを漬けた赤ジソをのせ、弱火～中火でゆっくり煮詰める。ゴマをふって提供する。

鰯の生姜煮

鍋に「鰯のあっさり炊き」を並べ、水、濃口醤油、酒を同割で合わせたものをひたひたに注ぐ。せん切りにしたショウガを加え、ゆっくり煮る。

●鰯

鰯の空揚げ

（カラー102頁　北岡三千男）

鰯の南蛮漬け
黄にら　玉葱　赤唐辛子

酢、淡口醤油、ミリン、砂糖を合わせてひと煮立ちさせる。冷まして南蛮酢とする。作りたての「鰯の空揚げ」をバットに並べ、南蛮酢をかける。輪切りにした赤トウガラシを散らし、冷蔵庫で味をなじませる。

黄ニラをゆでて、冷水にとる。タマネギはみじん切りにして、水にさらす。それぞれ水気を絞っておく。

イワシの南蛮漬けと黄ニラ、タマネギを和えて器に盛る。南蛮酢をかける。

鰯の空揚げの沢煮椀
人参　牛蒡　椎茸　もやし
三つ葉　木の芽　おろし生姜

ニンジン、ゴボウ、生シイタケをそれぞれせん切りにし、下ゆでして冷水にとる。モヤシは根と芽を取り、ゆでて冷水にとる。すべて水気を絞り、吸い地に浸ける。

椀に「鰯の空揚げ」と、吸い地に浸けた野菜を新たに吸い地で温めたものを盛る。熱々の吸い地を張り、さっとゆでた軸三つ葉を散らす。木の芽とおろしショウガを添える。

●鰯

鰯の空《から》煮《に》鱠《なます》

（カラー104頁　上野修三）

鰯の空煮鱠蓼酢かけ
赤芋茎　花茗荷

赤ズイキを掃除し、皮をむく。酢を落とした湯で下ゆでする。食べやすい大きさに切り揃え、だし、ミリン、酢、淡口醤油、塩で煮含める。

器に「鰯の空煮鱠」、赤ズイキ、甘酢に浸けた花ミョウガを盛る。空煮鱠にタデ酢をかける。
＊タデ酢…タデの葉をすり鉢ですり、白醤油で仕立てたポン酢（白醤油、柑橘酢、ミリン）を合わせ、重湯でとろみをつけたもの。

酒肴盛
鰯の空煮鱠　実山椒
鰻の八幡巻き
白瓜雷干し　花けずり

ウナギの八幡巻きを作る。細めのゴボウを洗い、四つ割りにする。だしに淡口醤油、ミリンで薄味にととのえた地で直煮にする。細めのウナギを開き、皮を外側にしてゴボウを巻き、たれ焼きにする。

雷干し。白ウリの両端を切り落とし、筒抜きで種を取る。斜めにねじむきにして立て塩に1時間ほど浸ける。引き上げて半日ほど風干しにし、甘酢に浸ける。食べやすい長さに切り、割り醤油（だし、淡口醤油）をからめる。

器に「鰯の空煮鱠」、ウナギの八幡巻き、白ウリの雷干しを盛り合わせる。空煮鱠に実山椒を、白ウリにけずり節を添える。

●子持ち鮎

素焼き子持ち鮎

（カラー106頁　北岡三千男）

子持ち鮎と茄子の浸し
蕎麦の芽　茗荷

「素焼き子持ち鮎」の骨をはずし、身を粗くほぐす（子は使わない）。

ナスを丸ごと焼き、皮をむく。食べやすい大きさに切る。

アユのほぐし身とナスを重ね盛りにし、だし、淡口醤油、塩、ミリンを合わせた旨だしをかける。ミョウガのせん切りとソバの芽を添える。

子持ち鮎のおろし煮
針柚子　かいわれ菜

「素焼き子持ち鮎」の尾のほうを切り落とし、腹の部分を使う。だし、淡口醤油、酒、ミリンを合わせた地にアユを入れて炊く。炊き上がる直前に、水気をきった大根おろしを加える。

器に盛り、針ユズ、さっとゆでて色出ししたカイワレ菜を添える。

●針烏賊

針烏賊酒塩蒸し

（カラー108頁　上野修三）

烏賊大根煮
百合根　蕪間引き菜
針柚子

「針烏賊酒塩蒸し」の蒸し汁に濃口醤油、砂糖、ミリンを加え、味をととのえる。この地で「針烏賊酒塩蒸し」を温める。煮汁には葛を引き、餡とする。

ユリ根は鱗片をばらして掃除をし、ゆでておか上げする。八方地（だし、酒、塩、淡口醤油、ミリン）でさっと炊き、そのまま地浸けする。

カブの間引き菜はさっとゆでて冷水にとり、水気を絞る。ユリ根と同じ八方地に二度浸けする。

「針烏賊酒塩蒸し」を輪切りにし、器に盛る。煮汁の餡をかけ、ユリ根とカブの間引き菜を盛り、針ユズを添える。

烏賊ポテト
葉野菜　トマト　鱒子
クリームネーズ

ポテトサラダを作る。ジャガイモを蒸して適度につぶす。塩もみしたキュウリ、ニンジン、タマネギ、ゆでたトビアラ（サルエビ。多めに使用）を適宜にきざみ、加え混ぜる。塩、コショウ、マヨネーズで和える。

「針烏賊酒塩蒸し」のイカから大根を抜き、ポテトサラダを詰める。これを輪切りにして皿に盛り、クリームネーズ（泡立てた生クリームとマヨネーズを混ぜたもの）をかけ、マスの卵（塩漬け）を添える。周囲にベビーリーフなどの葉野菜とトマトを添え、ドレッシング（酢、サラダ油、塩、コショウ）をかける。

●紋甲烏賊

紋甲烏賊オイル煮

（カラー110頁　平井和光・結野安雄）

いかと独活の明太子和え

ウドを8㎜角に切り、ゆでて冷水にとる。水気をきり、吸い地でさっと炊き、そのまま冷ます。

「紋甲烏賊オイル煮」も8㎜角に切る。

辛子明太子の膜をはずし、卵を取り出してだしで洗い、適度に辛みを抜く。これでウドとイカを和える。

いかの卯の花巻き
木の芽

「紋甲烏賊オイル煮」をそぎ切りにする。

卯の花を作る。おからを水で洗い、目の細かい漉し器で漉す。布巾にとって絞り、水気をきる。鍋におからを入れ、だし、豆乳をひたひたまで注ぐ。塩、淡口醤油、ミリン、砂糖で味をととのえ、煮る。もどしてせん切りにしたキクラゲとゆでたニンジンを途中で加える。煮汁がなくなり、水分がとんでおからがややさらっとしてきたら、少量のサラダ油を加えてしっとりさせる。仕上げにきざんだ青ネギを加える。

　そぎ切りにしたイカでおからを巻き、器に盛る。木の芽を添える。

いかの真砂和え
松茸　人参　三つ葉

　カズノコ（バラ子）を塩抜きし、だしに浸ける。

「紋甲烏賊オイル煮」は太さ3㎜角、長さ3㎝程度の棒状に切る。ニンジンも同じ大きさに切り、さっとゆでて地浸けする。マツタケは掃除し、さっと焼いて適宜に裂く。軸三つ葉はさっとゆがき、長さ3㎝に切る。

　イカ、ニンジン、マツタケ、三つ葉をカズノコで和える。

冬の料理

●蕪

蕪の浅漬け

（カラー114頁　村上一）

蕪の卵黄味噌漬け挟み
菊花浸し

　温泉卵を作り、卵黄を取り出す。甘口の白味噌、砂糖、ミリンで漬け床を作り、卵黄を漬ける。3日目頃から利用できる。

「蕪の浅漬け」を薄くへぎ、カブが大きければ半分に切って卵黄の味噌漬けを軽く挟む。

　菊花をさっとゆがき、冷水にとる。水気を絞り、甘酢に浸ける。卵黄を挟んだカブと菊花を乱盛りにする。

蕪の秋刀魚押し
糸塩昆布

　サンマを水洗いし、三枚におろして腹骨と小骨を取る。塩をあてて数時間おき、酢洗いして生酢に30分間ほど浸ける。

「蕪の浅漬け」を厚めに切り、サンマを挟む。軽く重石をして2～3時間おく。

　食べやすい大きさに切り、器に盛りつける。柑橘の果汁を搾り、針打ちした塩昆布を添える。

蕪とくらげの胡麻和え

　塩漬けのクラゲを水にさらしてもどし、掃除をする。食べやすい大きさに切る。煎りたてのゴマをすり、少量の淡口醤油で味をととのえる。これで切ったクラゲを和える。

「蕪の浅漬け」を大きめの拍子木に切り、クラゲと和える。

●蕪

蕪の甘酢漬け

（カラー116頁　平井和光・結野安雄）

蕪の博多
甘鯛　昆布　黄身酢

　アマダイを水洗いし、ウロコをすき引きして三枚におろし、上身にする。へぎ造りにし、薄塩をあてて身を締める。

　バットに竜皮昆布を敷き、アマダイ、「蕪の甘酢漬け」、竜皮昆布の順に何層か重ねて博多にする。ラップ紙をかけて軽く重石をし、一晩おく。

カブの博多を器の大きさに合わせて切り分け、黄身酢を添える。
＊黄身酢…卵黄、砂糖、酢、ミリンを固まらないように湯煎で練ったもの。

サーモン蕪巻き

スモークサーモンを棒状に切る。これを芯にして「蕪の甘酢漬け」で巻く。ひと口大に切る。

蟹ずし蕪巻き
煎り胡麻　ふり柚子

巻き簾にさらしを広げ、「蕪の甘酢漬け」を甘酢をきってのせる。ゆでたカニの身をのせ、煎りゴマを混ぜたすし飯を棒状にまとめて置く。くるりと巻いて巻きずしとする。
落ち着いたら切り分け、ユズをふる。

●蕪
天王寺蕪鮓《かぶらずし》
（カラー１１８頁　上野修三）

先付
天王寺蕪鮓　針柚子

「天王寺蕪鮓」を器に盛り、針ユズを添える。先付として提供する。

酒肴
蕪鮓柚釜盛り
車海老唐墨焼き
青身大根醪漬け

ユズ釜に「天王寺蕪鮓」を盛り、針ユズを添える。
車エビの頭をミソの部分を残して切り落とす。尾の先も切り、腹開きにする。串打ちして焼き、黄身マヨネーズ（マヨネーズに卵黄を加えたもの）をぬり、カラスミ粉をふってあぶる。半分に切る。
青身大根の葉が乾かないよう、湿らせた紙で包む。根に縦半分に切り込みを入れ、薄塩をしてしばらくおく。水気を拭き、根だけをもろみに漬ける。もろみを洗い流し、結う。
器にユズ釜盛り、車エビ、青身大根を盛る。

●大根
冬大根含め煮
（カラー１２０頁　平井和光・結野安雄）

大根のふろふき
田楽味噌　柚子

「冬大根含め煮」を煮汁とともに温める。汁ごと器に盛る。
白味噌、砂糖、ミリン、卵黄を湯煎にかけて練って田楽味噌を作り、大根にのせる。叩きユズを添える。

大根ステーキ
あんきも　葱　芥子

「冬大根含め煮」の地をきる。フライパンに油を引き、表面を焼く。
アンキモに塩をふり、水にさらしてくさみを抜く。厚さ１cmほどに切り、油を引いたフライパンで焼く。一緒に長さ３cmほどに切った白ネギを炒め、酒、濃口醤油、たまり醤油、ミリンを合わせた地を入れ、からませる。
器に大根を盛り、上にアンキモをのせる。白ネギとカラシを添える。

●海老芋
海老芋田舎煮
（カラー１２２頁　平井和光・結野安雄）

海老芋田舎煮

「海老芋田舎煮」を温め、器に盛る。

海老芋の湯葉蒸し
生雲丹　しめじ
山葵

「海老芋田舎煮」を卵白にくぐらせ、細かく砕いたあられをまぶす。約１７０℃の油で揚げる。

シメジは石突きを切り落とし、掃除をしてさっと酒煎りにする。

器にエビイモを盛り、生ユバをたっぷり添える。生ウニとシメジをのせ、温める程度に蒸す。

コンソメスープに薄葛を引いた餡をかける。ワサビを添える。

●牛蒡

牛蒡含め煮

（カラー124頁　北岡三千男）

牛蒡の生雲丹焼き

利休あん　青身大根　すだち

「牛蒡含め煮」を3cm幅に切り、針で中心部分を抜いて管ゴボウにする。縦半分に切り、くぼみに生ウニをのせる。ウニに卵黄をぬり、串打ちして焼く。

ゴマペーストを昆布だしでのばし、淡口醤油、水溶きの葛を加える。弱火で練り、利休餡とする。

皿に焼いたゴボウを盛り、利休餡をかける。青身大根の根の部分の形を整え、さっとゆでたものと、スダチを添える。

牛蒡と穴子のしんじょうの博多

千代呂木

アナゴをさばき、白焼きにしておく。

「牛蒡含め煮」を6～8等分にする。

流し缶に白身魚のすり身を敷き、アナゴ（皮を下にしてのせる）、すり身、ゴボウ、すり身の順に重ねる。弱火で30分間以上蒸す。冷めたら切り分ける。

器に盛り、さっとゆでて梅酢に浸けたチョロギを松葉に刺して添える。

細巻

牛蒡　玉子　烏賊
三つ葉　酢どり生姜

だし巻き玉子を作り、棒状に切る。

「牛蒡含め煮」と生のイカも同様に切る。

巻き簾にノリを広げ、すし飯をのせる。だし巻き玉子、ゴボウ、イカ、色出しした軸三つ葉をおき、芯にして細く巻く。ひと口大に切る。

酢どりショウガを添えて提供する。

牛蒡鳴門巻き

鴨　軸三つ葉

「牛蒡含め煮」の桂むきにしたものを使用する。汁気を拭き、片面に刷毛で片栗粉をつける。

鴨の挽き肉をすり鉢にとり、塩、少量のミリンを加え、粘りが出るまでする。

巻き簾にラップ紙を広げ、ゴボウ（片栗粉をつけた面を上にする）をおき、鴨肉を平らにのばす。巻き簾で鳴門に巻く。竹の皮で縛る。蒸し缶に入れ、「牛蒡含め煮」の煮汁を張る。20分間ほど蒸し煮にする。竹の皮をほどいて軸三つ葉で縛り直し、食べやすい大きさに切る。

●牡蠣

牡蠣酒煎り

（カラー126頁　北岡三千男）

牡蠣のひろうす

牛蒡　金時人参　三つ葉　大和芋
べっこうあん　芥子

ひろうすの生地を作る。豆腐を水きりし、裏漉しにする。ゆでてフードプロセッサーにかけたカリフラワー、すりおろした大和イモを混ぜる。

ゴボウを笹がきにし、ニンジンは細く切ってだし、淡口醤油、塩で煮る。軸三つ葉はさっとゆがき、細かく切る。それぞれ水気をきり、ひろうすの生地に混ぜる。「牡蠣酒煎り」も加え、丸めて饅頭の形に整える。小麦粉をまぶして、180℃の油で色よく揚げる。

だし、淡口醤油、少量のミリンを火にかけ、水溶きの葛を加えてべっこう餡を作る。これをひろうすにかけ、溶きガラシを添える。

牡蠣入り百合根コロッケ
味噌バター
葛あん　三つ葉

「牡蠣酒煎り」を3〜4等分にし、淡口醤油でさっと洗い、水気をきる。ユリ根を掃除して鱗片をばらし、蒸して裏漉しする。これでカキを包み、団子状にまとめる。小麦粉、卵、パン粉の順にまぶし、170℃の油で揚げる。

バター、味噌、レモン果汁、酒を合わせて火にかけ、混ぜて味噌バターを作る。粗熱をとり、冷蔵庫で冷やす。

揚げたてのコロッケに味噌バターをのせる。だしと塩の地に葛を引き、ゆでた軸三つ葉を加えた餡をかける。

牡蠣のレタス巻き
しめじ　金時人参　揚げそばの実
ぽん酢あん

レタスの葉を1枚ずつはがし、少量の油を落とした熱湯でさっと火を通す。

金時ニンジンをきざみ、だし、淡口醤油で下煮する。

レタスを2〜3枚重ねて広げ、ニンジンと「牡蠣酒煎り」をのせて芯にして巻く。

器にレタス巻きを盛り、ポン酢をだしでのばし、葛でとろみをつけた餡をかける。揚げたソバの実を散らす。

牡蠣の黄身揚げ、おろし煮
針柚子

「牡蠣酒煎り」に片栗粉をまぶし、卵黄をつける。170℃の油で揚げる。

だし、塩、淡口醤油、少量のミリンに大根おろしを入れた地で、カキをさっと煮る。器に盛り、針ユズを添える。

●牡蠣
干し牡蠣
（カラー128頁　北岡三千男）

干し牡蠣の朴葉焼き
蕗味噌　諸味
蕗のとうの葉

ふき味噌ともろみを同量ずつ合わせ、少量のサラダ油を加えて練る。

朴葉を水に浸けてもどし、「干し牡蠣」と練ったふき味噌を重ね盛る。天にフキノトウの葉をのせる。卓上こんろで焼きながら食べていただく。
＊ふき味噌…フキノトウを掃除し、細かく切る。水を替えながらゆでては冷水にとり、アクを適度に抜く。油を引いた鍋でフキノトウを炒め、味噌、酒、砂糖、ミリンを加えて煮詰める。

干し牡蠣のコキール
慈姑あん　あられ　柚子
ミント　すだち

クワイの皮をむき、すりおろす。煮きり酒でクリーム状にのばす。

「干し牡蠣」を油でさっと焼き、カキの殻に2〜3個盛る。クワイのクリームをかけ、あられとあられに切ったユズ皮を散らす。天火で焼き、途中で醤油をかける。ミントとスダチを添える。

●牡蠣
牡蠣の辛煮
（カラー130頁　北岡三千男）

牡蠣の辛煮入り飯蒸し
くちこ　蕗のとうの葉　木の芽

もち米でおこわを炊き、「牡蠣の辛煮」をきざんで混ぜる。器に盛り、きざんだクチコをのせ、蒸す。さっとゆでたフキノトウの葉と木の芽を添える。

牡蠣の辛煮おろし和え
そばの実

大根をすりおろし、適度に水気を絞る。加減酢（酢、淡口醤油、砂糖、だし）を加え、混ぜる。「牡蠣の辛煮」を和え、器に盛る。油で揚げたソバの実をふる。

●菱蟹

菱蟹の白味噌煮

（カラー132頁　上野修三）

焼きもの
菱蟹の甲羅焼き
蟹しんじょう　百合根　酢どり茗荷

「菱蟹の白味噌煮」の身をせせり、蒸したユリ根と和える。白身魚のすり身を「菱蟹の白味噌煮」の煮汁でのばし、ヒシガニの身とユリ根と混ぜる。カニの甲羅に詰めて天火で焼く。

卵黄を「菱蟹の白味噌煮」の煮汁でのばし、火にかけて混ぜながら加熱する。とろみがついたら甲羅焼きにぬり、さらに焼く。

ミョウガをゆでておか上げし、塩をふって甘酢に浸ける。あしらいに添える。

羹　菱蟹の共味噌椀
百合根　管牛蒡　水菜

ユリ根を掃除し、鱗片をばらして蒸す。ゴボウを適宜に切り、ゆでて芯を抜く。だし、塩、淡口醤油の地で煮含める。水菜はゆでて地浸けしておく。

椀に温めたユリ根、ゴボウ、「菱蟹の白味噌煮」を盛る。白味噌煮の煮汁を吸い地加減に味をととのえて椀に張り、水菜を添える。

●蟹

蟹の身の昆布締め

（カラー134頁　村上　一）

蕪と柚子の蟹和え

「蟹の身の昆布締め」をほぐす。

カブの皮を厚めにむき、マッチ棒ぐらいの棒状に切る。立て塩に浸けてしんなりさせる。ユズの皮をむき、皮の白い部分を取り、せん切りにする。水にさらす。

カニ、カブ、ユズを加減酢（だし、酢、少量の淡口醤油）で和える。

柿と蟹和え

「蟹の身の昆布締め」をほぐす。

柿をマッチ棒ぐらいの棒状に切り、加減酢で洗い、下味をつける。

カニと柿、ユズ皮のせん切りを混ぜ、加減酢で和える。

●蛸

蛸の柔らか煮

（カラー136頁　平井和光・結野安雄）

蛸のみぞれ和え
いくら　一寸豆翡翠煮
針ラデッシュ

大根おろしの水気をきり、土佐酢（202頁中段、注釈参照）を加えて味をつける。「蛸の柔らか煮」を食べやすく切り、大根おろしで和え、イクラを散らす。

一寸豆（ソラマメ）をゆでて薄皮をむく。だし、塩、淡口醤油、ミリンの地で炊き、地浸けする。

以上を器に盛り、針打ちしたラディッシュを添える。

炊合せ
小芋　南京　蛸の柔らか煮　芥子
三度豆　針柚子

小イモの皮をむき、米のとぎ汁でゆでる。水にさらして糠《ぬか》を洗い流す。だし、淡口醤油、ミリンの地で煮含める。

カボチャは皮をむき、だし、淡口醤油、砂糖、ミリンの地で炊く。

三度豆はさっとゆでて冷水にとり、だし、塩、淡口醤油の地に浸ける。

器に「蛸の柔らか煮」、小イモ、カボチャを盛り合わせ、三度豆を添える。タコに溶きガラシをのせる。

●鮟肝

あん肝蒸し煮

（カラー138頁　平井和光・結野安雄）

あんきも蒸し煮
おろし銀あん　洗い葱　紅葉おろし

「あん肝蒸し煮」をひと口大の乱切りにする。

だし、淡口醤油、塩を火にかけ、葛を引いてとろみをつける。大根おろしを汁気をきって加え、おろし銀餡を作る。

器にアンキモを盛り、銀餡をかける。洗いネギと紅葉おろしを添える。

あんきも豆腐、おろしぽん酢添え
白髪葱　叩き芽紫蘇　芽葱

「あん肝蒸し煮」の地をきり、適宜に切る。裏漉しし、昆布だし、酒、葛を加え、混ぜ合わせる。火にかけて練り上げ、流し缶に流して冷やし固める。

切り分けて器に盛り、白髪ネギ、刃叩きした芽ジソ、芽ネギを添える。

●河豚

河豚辛味噌漬け

（カラー140頁　上野修三）

河豚辛味噌漬け薄造り
天王寺蕪添え

「河豚辛味噌漬け」の味噌を拭き取り、斜めに薄く切る。

生のカブをくし切りにし、フグをのせてすすめる。カブのほのかな甘みが、フグの辛みを和らげる。

炙り河豚
百合根　焼味噌
芽葱

ユリ根は鱗片をばらし、ゆでておく。

フグを漬けた味噌に卵黄とミリンを少量混ぜ、貝殻（アワビなど）にぬる。この味噌をあぶり、焼き味噌にする。厚めにきった「河豚辛味噌漬け」とユリ根をのせ、もう一度あぶって香りを引き出す。芽ネギを添える。

●皮はぎ

皮はぎの風干し、肝味噌風味

（カラー142頁　村上　一）

炙り皮はぎ　肝風味

「皮はぎの風干し」をさっとあぶり、やや厚めのそぎ切りにする。器に重ね盛りにする。

皮はぎと鶏のささみ
菜の花　あられ柚子

「皮はぎの風干し」をさっとあぶり、やや厚めのそぎ切りにする。

鶏のささ身に薄塩をあて、しばらくおく。水分を拭き、横に包丁を入れて開く。幽庵地（煮きり酒、ミリン、淡口醤油）に20分間ほど浸ける。軽くあぶり、へぎ切りにする。汁気を拭き、風干しにする。

器にカワハギと鶏ささ身を混ぜ盛りにする。ゆでて地浸けした菜の花を添え、あられに切ったユズを散らす。

皮はぎと数の子の重ね盛り
結び京人参　三つ葉

「皮はぎの風干し」をさっとあぶり、薄くそぎ切りにする。

塩漬けのカズノコを塩水に浸けて塩出しする。水気を拭き、だし、煮きり酒、少量の淡口醤油の地に浸け、けずりガツオをのせる。半日〜1日ほどしたら取り出し、薄くへぎ切りにする。

カワハギとカズノコを重ね盛りにする。細いひも状に切った京ニンジンと軸三つ葉をゆで、それぞれ結《むす》んで添える。

●鰤

塩鰤の藁《わら》づと

（カラー144頁　村上 一）

塩鰤の酒粕仕立て
聖護院大根　京水菜
一味唐辛子

「塩鰤の藁づと」を切り分け、表面だけさっとあぶる。聖護院大根の皮をむき、大ぶりに切り分けて下ゆでする。だし、塩、淡口醤油で煮含める。
「塩鰤の藁づと」のアラに強塩をし、しばらくおいてから霜ふりにする。昆布だしにアラを入れ、煮出してだしをとる。漉して、酒粕をのばす。少量の白味噌を加えて裏漉し、さらにアラのだしでのばす。これであぶったブリと大根を煮る。
　器にブリと大根を煮汁ごと盛る。京水菜（酒粕の地でさっと炊いておく）を添え、一味唐辛子をふる。

焼き塩鰤
もみ海苔　大根おろし
加減酢　柚子胡椒

「塩鰤の藁づと」を切り身にし、焼く。器に盛り、もみノリをまぶした大根おろしをのせて加減酢をかける。柚子コショウを添える。

塩鰤のスモーク
いくらの醤油漬け　長芋

「塩鰤の藁づと」のブリの水気を拭く。ブナのチップで冷燻にする。薄切りにし、拍子木に切った長イモ、イクラの醤油漬けとともに器に盛る。好みで柑橘の搾り汁をかける。

●赤舌鮃

赤舌鮃煮凝り

（カラー146頁　上野修三）

冷菜
田辺大根と赤舌鮃の煮凝り
大根の芯芽　あられ柚子

　田辺大根（かつて大阪市東住吉区の田辺地区で作られた大根。白首で根がやや短い）を厚さ3～4cmの輪切りにし、皮をむく。下ゆでし、だし、淡口醤油、砂糖で柔らかく煮含めたら冷ましておく。
　大根と「赤舌鮃煮凝り」を盛り合わせる。大根の新芽をゆで、田辺大根の煮汁に浸したものを添え、あられに切ったユズを散らす。

飯
赤舌鮃のさばき、煮凝り丼

　熱々のご飯に、「赤舌鮃煮凝り」の身をのせる。ご飯の温かさで煮凝りが溶けていく妙味を味わってもらう。

●鯖

鯖空揚げ

（カラー148頁　北岡三千男）

鯖のりんご和えレモン風味
独活　金時人参　胡瓜

　リンゴの皮をむき、すりおろす。汁気が多ければ軽く絞る。レモン汁を加えて色止めし、少量の砂糖も混ぜる。これで「鯖空揚げ」を和える。
　器に盛り、5mm角に切ったウド、金時ニンジン、キュウリを散らす。

鯖の治部煮
生麩　金時人参　水菜　生椎茸　白葱
柚子

　生麩をひと口大に切り、さっと揚げる。金時ニンジンは短冊に切り、だし、淡口醤油で下煮する。生シイタケは適宜切る。以上と白ネギ、「鯖空揚げ」をだし、塩、淡口醤油の地でさっと炊く。
　器に盛り、さっとゆでた水菜を添えて煮汁を張る。花にむいたユズを添える。

蓮根のみぞれ風鍋
鯖空揚げ　白髪葱　軸三つ葉

　レンコンの皮をむき、すりおろす。だ

しに塩、淡口醤油で味をつけ、すりおろしたレンコンを入れて炊く。小鍋にとり、「鯖空揚げ」を入れてさっと煮る。白髪ネギとゆでた軸三つ葉を添える。

鯖の梅煮
針生姜

鍋に酒、ミリン、濃口醤油を入れ、「鯖空揚げ」と梅干し（小粒のもの）、針ショウガを入れる。ことことと弱火で炊き、地が少なくなったら煎るようにからめる。梅干しが塩辛い場合は、塩抜きしてから使う。

鯖の南蛮ご飯
針柚子　軸三つ葉

ゴボウ、コンニャク、ニンジン、もどした干しシイタケとキクラゲをそれぞれせん切りにする。

洗い米にだし、塩、淡口醤油、酒を加えてご飯を炊く。最初は強火にし、吹き上がってきたらせん切りにした野菜と「鯖空揚げ」を加えて、弱火に落とす。15分ほど経ったら火を止める。ユズのせん切り、軸三つ葉を散らして蒸らす。

通年の料理

●豆腐

豆腐の味噌漬け

（カラー152頁　北岡三千男）

豆腐のカナッペ

食パンを3×4cmの長方形に切る。サラダ油で揚げる。パンよりも小さめに切った「豆腐の味噌漬け」をのせる。

豆腐の湯葉包み揚げ
水菜　なめこ餡　柚子

「豆腐の味噌漬け」を適宜に切り、引き上げユバで包み、楊枝で止める。160℃の油で揚げ、油をきる。

水菜をゆで、だし、淡口醤油、塩の地でさっと炊く。

だし、淡口醤油、ミリン、塩の地でナメコをさっと炊き、葛を引いて餡とする。

ユバ包み揚げを食べやすい大きさに切り、器に盛る。ナメコの餡をかけ、水菜を散らす。ユズを添える。

●湯葉

湯葉蒸し煮

（カラー154頁　平井和光・結野安雄）

蒸しもの　蟹あんかけ
湯葉蒸し煮　銀杏　木耳　舞茸
おろし生姜

ギンナンはゆで、キクラゲは水でもどしてから細切りにし、だし、淡口醤油、塩で含め煮にする。マイタケも同じ地で下煮しておく。

「湯葉蒸し煮」を食べやすく切り、器に盛る。ギンナン、キクラゲ、マイタケをのせ、器ごと蒸す。カニ餡をかけ、おろし生姜を添える。

＊カニ餡…だし、淡口醤油、ミリン、塩を合わせた地に、ほぐしたカニの身を入れてさっと炊き、葛を引いたもの。

湯葉蒸し煮
雲丹　針海苔　山葵　共地あん

「湯葉蒸し煮」を適宜の大きさに切り、器に盛って生ウニを添える。蒸し煮の煮汁を温め、葛を引いた餡をかける。ノリとワサビを添える。

炊合せ
湯葉入りひろうす
海老芋　ミニ青梗菜　芥子

ひろうすを作る。「湯葉蒸し煮」をフードプロセッサーにかける。豆腐の水気をきって裏漉ししたものと、小さくきざんだゴボウ、ニンジン、キクラゲ、ギンナン、生シイタケ（それぞれ下煮しておく）を加え、混ぜる。俵型にまとめ、油で揚げる。だし、淡口醤油、ミリン、塩の地で煮る。

　エビイモの皮をむき、米のとぎ汁でゆでる。水にさらして糠《ぬか》を洗う。だし、淡口醤油、ミリンで煮含める。ミニチンゲン菜はゆがいて地浸けする。

　器にひろうす、エビイモ、ミニチンゲン菜を盛る。ひろうすの煮汁を注ぎ、ひろうすにカラシを添える。

●蒟蒻

こんにゃくの旨煮

（カラー156頁　平井和光・結野安雄）

こんにゃく牛肉巻き
焼き茄子　金時草
セルフイユ　レモン

「こんにゃくの旨煮」を切り口が5㎜角の棒状に切る。

　ナスを焼いて皮をむき、実を裂いておく。金時草はさっとゆでて水にとる。水気を絞り、だし、塩、淡口醤油の地に浸けておく。

　牛肉の薄切りに塩、コショウし、バーナーでさっとあぶる。コンニャク、焼きナス、金時草をのせて巻く。

　以上を器に盛り、セルフイユとレモンを添える。

こんにゃくクラッカー揚げ
チーズ　大葉紫蘇
青唐辛子　ライム

「こんにゃくの旨煮」を厚さ5㎜、幅3㎝ぐらいの板状に切る。プロセスチーズも同様の大きさに切る。コンニャク→大葉ジソ→チーズの順に重ね、ノリで巻く。小麦粉、とき卵、くだいたクラッカーの順にまぶし、170℃ぐらいの油で揚げる。

　ひと口大に切り分けて器に盛り、素揚げした青トウガラシ、ライムを添える。

●卵

半熟卵醤油漬け

（カラー158頁　村上一）

半熟卵醤油漬け
叩きおくら

　オクラをさっとゆでて冷水にとる。粘りが出るまで刃叩きし、煮きり酒と好みで少量のカラシを加え、味をととのえる。「半熟卵醤油漬け」を半分に切り、器に盛る。叩きオクラをかける。オクラの代わりに長イモを使ってもよい。

にゅう麺
半熟卵醤油漬け
焼き穴子　車海老　軸三つ葉

　そうめんをゆでて水で洗う。アナゴをさばき、濃口醤油、ミリン、酒を合わせたたれをかけながら焼く。車エビは頭と背ワタを取り、酒、だし、淡口醤油を合わせた地をからめるようにして炊く。殻をむく。

「半熟卵醤油漬け」を半分に切って椀に盛る。吸い地で温めたそうめん、アナゴ、車エビをのせる。熱々の吸い地を張り、さっとゆでて結んだ軸三つ葉を添える。吸い口にユズの皮をすりおろす。

●合鴨

鴨ロースの煮込み

（カラー160頁　北岡三千男）

鴨ロースの葉山葵巻き
すだち

　葉ワサビをさっとゆがき、だし、濃口醤油、酢、ミリンの地に浸ける。地をきり、薄く切り分けた「鴨ロースの煮込み」で巻く。

　スダチを添えてすすめる。

鴨ロースの焼き葱あん
茗荷

白ネギを香ばしく焼き、ミキサーにかけてネギのペーストを作る。鍋に移して温め、「鴨ロースの煮込み」の煮汁を加えて濃度を調整する。塩で味をととのえる。

「鴨ロースの煮込み」を薄切りにして器に盛り、ネギの餡をかける。ミョウガのせん切りを添える。

●合鴨
合鴨麦煮《ばくに》
（カラー162頁　上野修三）

鴨と胡瓜、花茗荷の芥子酢和え
防風

「合鴨麦煮」の鴨の脂を拭き取り、骨を取り除いて肉をほぐす。

キュウリを塩ずりし、縦半分に切ってから薄切りにする。立て塩に浸けて固く絞る。ミョウガを熱湯に通し、おか上げする。塩をふり、甘酢に浸ける。

器に合鴨、キュウリ、ミョウガを盛り、防風を添える。カラシ酢をかける。
＊カラシ酢…だし、濃口醤油、ミリン、酢を同割で合わせ、溶きガラシを混ぜる。

鴨と蕃茄《ばんか》の煮もの
絹さや　イタリアンパセリ

「合鴨麦煮」の脂を拭き、骨をはずして肉をひと口大に切る。

小ぶりのトマト（蕃茄はトマトのこと）を湯むきし、種を取る。

鍋に「合鴨麦煮」の煮汁（表面の固まった脂の下にたまっているもの）を入れて沸かし、トマトピューレを加える。合鴨とトマトを入れて炊き、塩、コショウで味をととのえる。

器に盛り、色出ししたキヌサヤを色紙に切って散らし、セルフイユを添える。

●牛肉
牛肉のたたき風
（カラー164頁　平井和光・結野安雄）

牛肉のたたき風
胡瓜　茗荷　セロリ
セルフイユ　レモン　芥子

キュウリ、ミョウガ、セロリをせん切りにする。薄切りにした「牛肉のたたき風」と一緒に盛り、セルフイユ、レモン、粒マスタードを添える。

「牛肉のたたき風」の合わせ地を少し煮詰め、上からかける。

牛肉の三彩巻き　すだち
胡瓜　セロリ　茗荷　山葵　粉醤油
焼き松茸　おろし大根　ぽん酢　葱
エシャロット　スナックエンドウ
諸味

キュウリ、セロリ、ミョウガをせん切りにする。薄切りにした「牛肉のたたき風」で巻き、粉醤油（醤油をフリーズドライにしたもの）とワサビをのせる。

マツタケを網焼きし、適宜に裂く。「牛肉のたたき風」で巻き、大根おろしに芽ネギを混ぜてちり酢をかけたものをのせ、マツタケを添える。

スナックエンドウをゆで、「牛肉のたたき風」で巻く。もろみをのせる。

器に薄く切ったスダチを3枚のせ、3種類の牛肉巻きをおく。甘酢に浸けたミョウガとエシャロットを添える。

乾物の料理

●干しぜんまい

ぜんまいの醤油炊き

（カラー168頁　村上 一）

ぜんまいの炊いたん

「ぜんまいの醤油炊き」の固い部分を切り落とし、食べやすい長さに切って器に盛る。

ぜんまいと百合根の白和え　おくらとろろ

ユリ根を掃除し、鱗片を1枚ずつほぐす。バットに並べ、電子レンジに1分間ほどかける。

豆腐を水きりし、裏漉しする。塩、ミリン、少量の淡口醤油と砂糖を加えて味をととのえ、白和えの衣を作る。

「ぜんまいの醤油炊き」を食べやすい長さに切り、ユリ根とともに白和えの衣で和える。ゆがいたオクラを刃叩きし、だしでのばして添える。

ぜんまいと白魚の玉締め　独活　木の芽

「ぜんまいの醤油炊き」を長さ3～4㎝に切る。ウドの皮をむき、棒状に切って吉原ウドにし、酢水に浸けて色止めしておく。

だしに淡口醤油、酒、少量の塩を加えて味をととのえた地を煮立たせる。ゼンマイとウド、シラウオを入れ、シラウオに火が通ったら、卵でとじる。器に盛り、木の芽を添える。

●干し椎茸

干し椎茸の床漬け

（カラー170頁　村上 一）

椎茸の豆腐よう和え

豆腐よう（豆腐を米麹と泡盛などに漬け、熟成させたもの。沖縄産の珍味）を裏漉しする。「干し椎茸の床漬け」を食べやすく切り、豆腐ようで和える。

巻椎茸　車海老　絹さや

「干し椎茸の床漬け」は薄くへぐ。車エビの頭と背ワタを取り、さっと酒煎りして殻をはずす。キヌサヤはゆでて地浸けし、細切りにする。

ライスペーパーを水に浸け、広げる。シイタケ、車エビ、キヌサヤをのせて芯にして巻く。ひと口大に切って盛る。

椎茸の和えもの　胡瓜　秋茄子　胡麻

キュウリとナスを薄切りにし、塩もみして水気を固く絞る。薄く切った「干し椎茸の床漬け」、ゴマと和える。

鮑の柔らか煮　菊菜の浸し　椎茸の細切り

アワビをタワシで洗い、汚れを落とす。殻から身をはずし、ワタとヒモを除く。水と酒を同量で合わせ、アワビを入れて柔らかく煮る。途中で淡口醤油、塩、ミリンを加えて味をととのえる。

菊菜をさっとゆで、地浸けする。アワビを厚さ5㎜に切り、「干し椎茸の床漬け」を細切りにする。菊菜とともに盛る。

●黒豆

黒豆田舎煮

（カラー172頁　平井和光・結野安雄）

黒豆豆腐　山葵　セルフイユ　割り醤油

「黒豆田舎煮」と、同割で合わせた黒豆

の煮汁と昆布だしを、フードプロセッサーにかける（1）。

葛を昆布だしで溶き、火にかけて練る。透明感が出てきたら、1のペーストを加え、ゴマ豆腐の要領でゆっくりと練り上げる。丸い型に流し、冷やし固める。

型から豆腐をはずし、器に盛って割り下をかける。「黒豆の田舎煮」、ワサビ、セルフイユを添える。

＊割り下…だし6、濃口醤油1、ミリン1を合わせて煮きり、冷やしたもの。

吹き寄せ風炊合せ

穴子黄身揚げ煮　黒豆
栗田舎煮　海老芋白煮
紅葉麩　絹さや
木の芽

アナゴをさばいて上身にし、片栗粉をふり、卵黄をつけて油で揚げる。油をきって葛をまぶし、だし、酒、淡口醤油、塩、ミリン、砂糖の地でしっかりと炊く。

栗の鬼皮と渋皮をむき、だし、酒、濃口醤油、砂糖、ミリンの地で煮含める。紅葉麩はだし、塩、淡口醤油、ミリンで煮る。

エビイモは米のとぎ汁でゆがき、水にさらして糠《ぬか》を洗う。だし、塩、少量の淡口醤油で白煮にする。

器に「黒豆田舎煮」、アナゴ、栗、エビイモ、紅葉麩を盛り、木ノ芽を添える。

●うずら豆

鶉豆と守口大根の当座煮

（カラー174頁　上野修三）

守口大根の豆餡かけ

器に「鶉豆と守口大根の当座煮」を盛り、ウズラ豆を裏漉しした餡をかける。

炊合せ
当座煮　烏賊と人参の葛煮
絹さや豌豆　針柚子

イカを水洗いし、薄皮をむいて鹿の子に包丁目を入れる。くるりと巻いて楊枝で止め、だし、塩、少量の淡口醤油でさっと炊く。小角に切り、下ゆでした金時ニンジンを加え、葛を引いてとろみをつける。

以上と、「鶉豆と守口大根の当座煮」のウズラ豆と大根（結び目を作る）を器に盛る。ゆでたキヌサヤエンドウを散らし、針ユズを添える。

●あらめ

荒布《あらめ》と大豆の煎り煮

（カラー176頁　上野修三）

荒布と大豆の煎り煮白和え
枝豆

木綿豆腐を水きりし、裏漉しする。白味噌、練りゴマ、砂糖、塩を加え混ぜ、白和えの衣を作る。

器に「荒布と大豆の煎り煮」を盛り、白和えの衣をかける。ゆでたエダマメを散らす。

炊合せ
荒布と大豆の煎り煮信田巻
枝豆の餡　ふり柚子
石川小芋八方煮　ささげ

豆腐を水きりし、裏漉しする。白身魚のすり身と一緒にすり合わせ、地をきった「荒布と大豆の煎り煮」を混ぜる。油揚げの三方を切り開き、内側に刷毛で片栗粉をつける。巻き簾にのせ、すり身の生地をのせて巻く。いったん蒸し、だし、塩、ミリン、淡口醤油のやや甘めの地で煮含める（蒸さずに油で揚げ、がんもどき風にしてもよい）。

小イモは皮をむいて米のとぎ汁でゆで、水で糠を洗う。だし、淡口醤油、ミリンで煮含める。ササゲは下ゆでし、地浸けする。

エダマメをゆでて裏漉しする。火にかけてだしでのばし、塩、少量の砂糖で味をととのえて餡とする。

器に信田巻を盛り、エダマメの餡をかける。小イモとササゲを盛り合わせ、餡にユズをふる。

●干しわかめ

若布《わかめ》の地浸け

（カラー178頁　北岡三千男）

若布と白魚の卵寄せ
吉野餡　木の芽

とき卵にだし、少量の淡口醤油、塩を加えて味をととのえ、茶碗蒸しの地を作る。流し缶に「若布の地浸け」とシロウオを並べ、卵の地を流して蒸し上げる。

食べやすい大きさに切り分けて器に盛り、だし、淡口醤油、ミリンに葛を引いた餡をかける。木ノ芽を添える。

炊合せ
筍　若布　鰊
木の芽

タケノコを糠《ぬか》と赤トウガラシを入れた湯でゆで、アク抜きする。糠を洗い流して切り分け、だし、塩、淡口醤油、ミリンの地に追いガツオをして煮含める。

ニシンは米のとぎ汁に1日ほど浸けてもどす。ウロコや骨を取り除き、水でよく洗う。食べやすく切り、だし、淡口醤油、濃口醤油、塩、砂糖、ミリンで煮含める。

器に「若布の地浸け」、温めたタケノコとニシンを盛り合わせる。木ノ芽を添える。

若竹サラダ
ブロッコリー　木の芽　酢油

タケノコは「せん切り筍の含め煮」（カラー12頁）を使用。「若布の地浸け」は食べやすい大きさに切り、ブロッコリーは小房に分け、ゆでて冷水にとる。水気をきっておく。

タケノコ、ワカメ、ブロッコリーを混ぜ、ドレッシングで和える。器に盛り、木の芽を添える。

＊ドレッシング…サラダ油、ゴマ油、だし、酢、少量の砂糖を混ぜ合わせたもの。

揚げ若竹
木の芽餡

タケノコを前出の「炊合せ」（229頁上段）の要領で煮含め、適宜の大きさに切る。「若布の地浸け」とともに水気をきり、片栗粉をまぶして油で揚げる。以上を重ね盛りにし、木の芽餡をかける。木の芽を添える。

＊木の芽餡…だし、淡口醤油、ミリンの地に刃叩きした木ノ芽を加え、葛を引く。

●棒だら

棒だらの煮もの

（カラー180頁　平井和光・結野安雄）

海老芋と棒だらの炊合せ
菜の花　柚子

「棒だらの煮もの」の煮汁とだしを合わせ、塩と淡口醤油で味をととのえる。皮をむいたエビイモを入れ、煮含める。

菜の花をさっとゆがき、だし、塩、淡口醤油の地に浸ける。

器に温めた「棒だらの煮もの」、エビイモ、菜の花を盛り、「棒だらの煮もの」の煮汁を張る。針ユズを添える。

炊合せ
棒だら　松竹梅　蕗

クワイを松笠に包丁し、素揚げにする。だし、酒、淡口醤油、ミリンで煮含める。

タケノコを糠ゆがきしてから掃除する。だし、酒、淡口醤油、塩、ミリンの地にタケノコを入れ、追いガツオをして煮る。

ニンジンは皮をむき、輪切りにして梅の形にむく。タケノコと同様の地で煮含める。

フキは塩で板ずりし、さっとゆでて水にとり、皮をむく。だし、淡口醤油、塩の地に浸ける。

器に温めた「棒だらの煮もの」、クワイ、タケノコ、ニンジン、フキを盛り合わせる。

●身欠きにしん

鰊と大豆の煮もの

（カラー182頁　平井和光・結野安雄）

炊合せ

鰊　大豆　昆布

「鰊と大豆の煮もの」のニシン、大豆、昆布を温めて器に盛る。

鰊と大豆の煮もの

茄子

ナスの皮に包丁目を入れる。油で揚げ、熱湯をかけて油抜きする。だし、濃口醤油、砂糖少量、ミリンで煮含め、そのまま地浸けする。

器に「鰊と大豆の煮もの」とナスを盛り合わせる。

●するめ

巻きするめ

（カラー184頁　北岡三千男）

飯蒸し

巻きするめ　枝豆

もち米を洗い、たっぷりの水に1日浸ける。水気をきり、蒸し器で約20分間蒸す。途中で酒を2～3回ふりかけ、炊き上がる直前に、輪切りにした「巻きするめ」とエダマメを入れ、5分間ほど蒸す。「巻きするめ」の煮汁に葛を引き、餡を作る。

器に飯蒸しを盛り、餡をかける。

乾物の炊合せ

巻きするめ　高野豆腐

椎茸　三度豆

木の芽

「巻きするめ」を食べやすく切る。

高野豆腐を水に浸けてもどし、だし、淡口醤油、砂糖、ミリンの地で煮含める。食べやすい大きさに切る。

干しシイタケをもどし、だし、シイタケのもどし汁、淡口醤油、ミリンの地で煮含める。

器にスルメ、高野豆腐、シイタケを盛り、ゆでた三度豆と木の芽を添える。

●干し海老

海老粉

（カラー186頁　北岡三千男）

海老粉入り卵豆腐

ほぐした卵と干しエビのもどし汁を同量ずつ合わせ、海老粉を加え混ぜる。淡口醤油で味をととのえる。流し缶に流し、蒸し上げる。

干しエビのもどし汁に昆布だしを合わせ、塩、淡口醤油で味をととのえる。切り分けた卵豆腐にかけて提供する。

にぎり銀杏海老粉揚げ

すだち　大徳寺納豆

ギンナンの殻と薄皮をむき、柔らかくゆでる。手でぎゅっと握りつぶし、俵型に形を整える。片栗粉と卵白をつけ、海老粉をまぶす。165℃の油で揚げる。

スダチと大徳寺納豆を添える。

野菜天

秋茄子　茗荷　蓮根

万願寺唐辛子　春菊　海老塩

ナス、ミョウガ、レンコン、春菊は適宜に切り、薄衣をつける。万願寺トウガラシにも衣をつけ、すべて油で揚げる。海老粉に塩を混ぜたものを添える。

●干し貝柱

干し帆立山椒煮

（カラー188頁　上野修三）

干し帆立ご飯

人参　枝豆

米にもち米を1割混ぜ、といだらザル

にあげておく。

　釜に米と昆布を入れ、「干し帆立山椒煮」のホタテと煮汁を加え、せん切りにしたニンジンを入れる。普通のご飯を炊く加減で水を加える。塩、ごく少量の淡口醤油、ミリンを加えて吸い地よりやや濃いめに味をととのえ、炊き上げる。途中でエダマメを加える。

酒肴三点盛り
里芋帆立味噌焼　粒山椒
さつま芋の醤油煮
酢どり茗荷

　サトイモの皮をむき、米のとぎ汁でゆでて水で糠《ぬか》を洗う。だし、塩、酒、淡口醤油の地で煮含める。

　玉味噌に「干し帆立山椒煮」をほぐして加え、つなぎに卵黄も入れてよく混ぜる。煮含めたサトイモを半分に切り、切り口に玉味噌をのせてオーブンで焼く。

　サツマイモは輪切りにし、少量の水でゆがく。だしを加え、淡口醤油、砂糖で味をつけ、煮含める。ミョウガをさっとゆがいておか上げし、薄塩をふる。甘酢に浸ける。

　器に焼いたサトイモを盛り、粒山椒を添える。サツマイモとミョウガを合わせ盛る。

＊玉味噌…酒１８０cc、砂糖２００g、ミリン１８０cc、卵黄10個分を合わせて裏漉しする。白味噌１・２kgを加えて弱火にかけ、2時間ほどかけて練ったもの（数字は作りやすい量）。

著者紹介

上野修三

浪速料理研究家

1935年大阪府河内長野市生まれ。30歳で大阪市笠屋町で独立。77年、法善寺横町に「浪速割烹㐂川」を開く。95年に長男の修氏に店を譲り、「天神坂上野」を開店。少人数のお客に創意ある浪速料理を提供する。05年に同店を閉じ、ライフワークである大阪料理の指導、講演を続ける。「浪速魚菜の会」料理顧問。

大阪市天王寺区伶人町5-23
電話／06-6779-2130

常備菜は、非常時に備えて作りおきするもの。保存性が高く、食卓にのせればすぐに食べられる完成品であることが建前なので、どうしても濃いめの味に仕上げるしかありません。それに引き替え、私たち料理店の料理は新鮮な素材をできる限り早く使いきることをよしとするものです。

そんな理由《わけ》で、作りおきできるものには限度があり、私はあまり好みませんが、それでも時としてはやらざるをえないことがあります。とくに農産物など「今日は生産者から毛馬胡瓜《けまきゅうり》が余計に届いたけど使いきれへん。早う使ってしまいたいので半分は風干しにして、あとは胡麻酢に漬けておいたら歯ごたえも出ておいしゅう食べられるやろ」といった具合。

今回の常備菜もこんな思いで作りました。1回でたくさん作りおいたら手間が省ける、という意味では作りたくないからです。

大阪の料理屋の料理は「食い切り」と言われ、地元ものに加えて諸国から集まる豊かな素材をややこしいことをせずに、味本位に調理して食べきってもらうというもの。その原点は家庭料理にあると思っています。ですからこの常備菜を作る目線も私の場合はやっぱりおかずでした。料理店向きの良質な素材を使い、別の料理と盛り合わせたり、箸休め風に食べていただき、おふくろの味を思い出して、なんとなく心温まる気分になってもらえば、私としてはそれで、何割かの料理ができた！といったところです。

村上一

「ホテルグランヴィア京都」
和食統括料理長

1945年、愛媛県に生まれる。大阪、京都、神戸などの料亭、旅館、ホテルの仕事を経験し、97年、ホテルグランヴィア京都の和食調理長に就任する。伝統的な日本料理の技法を大切にしながら、家庭料理にも造詣が深い。04年に「卓越した現代の名工」を受賞。

京都市下京区烏丸塩小路下ル
電話／075-344-8888(代表)

料理の仕事に就いて以来ずっと、新鮮な旬の素材や珍しい食材に出会うと、「もっとおいしくて、もっと気のきいた料理を作ってみたい」という思いが湧き上がってきます。しかし、その前提として「材料を捨てるところなく生かしきれるか」という視点は必ず持ってきました。たとえ満足できる料理が作れたとしても、材料のいいところを一部だけ使ったのでは、料理人としては不充分だと思うのです。

私にとっては常備菜もまた、素材を早く使いきるために知恵を働かせる仕事。材料を冷蔵庫に保存するよりは、活《い》きのいいうちに火を入れ、あるいは塩や酢で締めておくことで、「あとはこうしよう、ああいうふうにもできるな」と、どんどん使い回していくのです。とはいえ、提供する時は「余ったもの、作りおき」と感じさせない工夫が大切。食べる人を楽しませることも料理人の仕事です。それで、身体にやさしい料理になるように、旬の素材と出会わせて季節感を演出するなど、新たな料理として取り組みます。

この本は、本来脇役のはずの常備菜が主役です。今回あらためて取り組んでみたことで、「さあ、できたてです」というメッセージを伝える主役の料理と、常備菜のようなじっくりと仕込んだ「備えの品」を上手に組み合わせていくというのも、献立を作る際の糸口になると感じました。この"勢い"と"間"をほどよく組み合わせていきたいものです。

平井和光
「京懐石和光菴」主人

結野安雄
「京懐石和光菴」総料理長

1946年京都市西陣生まれ。京都「浜作」などで修業後、73年に「和光菴」を開店。05年、現在地に移転。京風の懐石料理と仕出し料理に定評があり、若手育成にも力を入れる。

1969年三重県生まれ。辻調理師学校を卒業後、「和光菴」に入る。「神戸ベイシェラトンホテル」での修業を挟み、現在「和光菴」総料理長。

大阪市天王寺区生玉寺町3－32
電話／06－6774－8090

私どもの店ではお弁当や会席の仕出しを請け負っているため、冷蔵庫には常時、すぐ盛り込める状態の料理がスタンバイしています。これらは、お祝いや仏事といった注文の性質上、あまり斬新なものは向かないので、自然にオーソドックスな料理が多くなります。また店での食事とは異なり、運搬や待機の時間も含めておいしさを計らないといけません。見えない部分の工夫もいろいろ必要です。

これらは、ほとんどが基本に沿った手抜きのできない仕事で、たとえば、素材に下味をきっちりつけることもそのひとつ。素材をだし洗いや醤油洗いし、地浸けは二度浸けにするなどして、水分をしっかりきっておきます。これは旨みを加えるだけでなく、保存効果も発揮しますし、さらに隠し味程度の酢を落としておけば腐敗防止にもなります。時間をかけて火を入れ、仕込んだものは、そのぶん日持ちもしますから。

今回紹介した料理は、ほとんど店で使っているものです。こうした仕事はまさに正統派の料理で、考え方も技術もベースがしっかりしているぶん、アレンジの可能性をたくさん持っています。切り方を変える、相性のよい相手を見つけてやるなど、少しの工夫をすることで、思いがけなく新しい料理に生まれ変わる楽しさがある。そうした点も常備菜の魅力です。

北岡三千男
「喜多丘」主人

1948年、広島県豊島に生まれる。生家は網元と旅館業を営み、幼少より瀬戸内の魚料理に親しんで育つ。関西、東京で修業後、28歳で独立。地元の素材を軸に、日本各地の逸品を組み合わせ、変化のある料理を提供する。地元テレビでも活躍中。

広島市東区牛田本町3－2－20
牛田グランドハイツ地下1階
電話／082－227－6166

私たち料理人の仕事に「仕込み8割、切り込み2割」という言葉があります。仕込みは文字どおり下処理から煮炊きまでのことを言い、切り込みというのは、お客さまにお出しする直前にする刺身を切ったり、盛りつけをすることを言います。たとえ板前割烹でお客さまの前で料理をする場面が多くても、ほとんどの仕事は仕込みにかかっているという言葉は、当を得ていると感じています。

今回の常備菜というジャンルは、まさに仕込みそのものの仕事。毎日の献立を仕立てるのとは別の仕事で、私はできるだけ時間をかけるようにしています。常備菜というと、どちらかというと保存の視点が強いのですが、味を凝縮させるという効果もあり、たとえば魚を風干しすると、水分をとばすことで味が深くなり、生や炊いたものとは別のおいしさが出てきます。「日持ちのする便利なものを作る」という視点以上に、「仕込んでおくことで、よりおいしくなる」という視点は忘れてはならないと思います。また、そのためには良質の素材も欠かせません。

今回の「常備菜を展開する」というテーマは、新しいものを考える楽しさがある一方、ついいじりたくなってしまう危険もある。つまり、展開しようと調味料や仕事を重ねるうちに、もとの料理が何だったか、その持ち味までも失いそうになるのです。「持ち味を損なわないぎりぎりのところは？」「本来のおいしさは？」と意識し、考えることが大切です。

用語解説

【青寄せ】 ホウレン草などから作る色素。料理に緑色をつける場合に用いる。

【あられ切り】 素材を7～8㎜角の立方体に切ること。

【飯《いい》蒸し】 もち米を使い、いろいろな具材を加えて蒸したもの。

【追いガツオ】 素材を煮る時に、後からカツオ節を加えて旨みを足すこと。

【おか上げ】 ゆでた素材をザルにあげたら、水にさらさずにそのまま冷ますこと。おかは「陸」のこと。

【隠し包丁】 素材に火が入りやすいよう、または味がしみ込みやすいように、切り込みを目立たないように入れること。

【風干し】 魚などを塩水に浸けるか塩をふってから、日陰の風通しのよいところに置いて表面を乾かすこと。ザルなどにあげて冷蔵庫の風があたる場所に置くこともある。

【片妻《かたづま》】 魚の身の片側を内側に巻き込んで串を打つこと。

【桂むき】 大根などを円柱型に切り、帯状に均一の薄さにむいていくこと。

【清湯《きよゆ》】 糠ゆがきした素材の糠を抜くために、きれいな水でゆでなおすこと。

【銀餡】 吸い地よりも濃いめのだしに、水溶きの葛や片栗粉を加えてとろみをつけた餡。

【けんちん】 豆腐をベースにニンジン、ゴボウ、キクラゲ、シイタケなどを炒めたもの。これを使った料理のこと。

【差し昆布】 だしや煮汁に昆布を一片加え、旨みを補なうこと。

【霜ふり】 素材の表面が白くなるまで湯をかけたり、湯通しすること。素材のぬめりやくさみを取り除いたり、旨みを逃さないことが目的。加熱後は冷水にとる。

【上身《じょうみ》】 三枚おろしにした魚の片身から腹骨を取り除いたもの。イカなどの内臓を取り除いたものも指す。

【白板昆布】 おぼろ昆布の一種で、白い芯の部分。鯖寿司などに使用。

【白酢《しらず》】 水気を絞った豆腐とあたりゴマをすり合わせて裏漉しし、合わせ酢でのばしたもの。

【しんじょう】 魚や肉のすり身につなぎや調味料を加えてすり混ぜたものを、蒸す、ゆでる、揚げるなどしたもの。

【吸い地】 だしに醤油や塩などで味をつけた、吸いもの用の汁。

【セルフイユ】 セリの仲間のハーブ。英語名はチャービル。

【そぎ切り】 素材の繊維を切るように包丁を入れ、切ること。

【立て塩】 海水程度の濃さの塩水のこと（約3％）。

【卵の素《もと》】 酢が入らないマヨネーズ。卵黄に油を少しずつ加え、かき立てる。

【玉水】「水」という意味もあるが、本書では酒と水を同割程度ずつ合わせたものを指す。

【玉味噌】 白味噌に卵黄、酒、ミリンなどを加え、火にかけて練ったもの。

【糠《ぬか》ゆがき】 アクの強い野菜を米糠と一緒にゆでて、アクを抜くこと。

【灰汁《はいあく》】 灰に熱湯を注ぎ、沈殿した後にできる上澄み液。アク抜きに使用。

【博多】 色合いの異なる材料を、博多帯の柄のように交互に重ねて仕立てた料理に使う表現。

【八方地】 だしに醤油、ミリン、酒、塩などの調味料を加えた地。

【針打ち】 針ほどに素材を細く切ること。

【へぎ切り】 包丁をまな板と平行になるくらいねかせ、素材を薄く切り取ること。

【骨切り】 ハモのような小骨が多い魚に用いる技法。皮を切らないように小骨に細かく包丁目を入れ、食べやすくする。

【幽庵地《ゆうあんじ》】 酒、ミリン、醤油を同割ずつ合わせた魚用の浸け地。ユズを加えることが多い。

常備菜の手帖

季節の素材を使った
85の常備菜と応用料理

初版印刷　２００８年１月20日
初版発行　２００８年２月５日

著者©　上野修三《うえのしゅうぞう》　村上一《むらかみはじめ》　平井和光《ひらいわこう》・結野安雄《ゆいのやすお》　北岡三千男《きたおかみちお》

発行者　土肥大介
発行所　株式会社柴田書店
東京都文京区湯島３-26-９　イヤサカビル　〒１１３-８４７７
電話／営業部　０３-５８１６-８２８２（注文・問合せ）
書籍編集部　０３-５８１６-８２６０
振替　００１８０-２-４５１５
URL　http://www.shibatashoten.co.jp

印刷・製本所　大日本印刷株式会社

ISBN　９７８-４-３８８-０６０２８-３

本書は月刊『専門料理』２００５年５・８・11月号、２００６年２・５・８・11月号、２００７年２月号に掲載した「常備菜の手帖」に大幅加筆し、まとめたものです。